KB206619

연극

그리고

섹슈얼리티

theatre & sexuality

연극
그리고

섹슈얼리티

질 돌런 Jill S. Dolan 지음
최석훈 옮김

교유서가

일러두기

* 모든 각주는 옮긴이 주입니다.

한국현대영미드라마학회 서문

아리스토텔레스는 『시학』에서 연극을 '인간 행동에 대한 모방'이라고 정의한다. 인간의 행동이 원본이라면, 연극은 그에 대한 복제/복사/사본이라 하겠다. 복제, 복사, 사본이라는 단어의 어감이 다소 부정적인 느낌을 준다면, 좀더 객관적인 표현으로 '반영'이라는 단어를 떠올릴 수 있다. 정리하자면 연극은 '인간 행동의 반영'인 셈이다. 아울러 '인간 행동'이라 함은 또 많은 것들을 담아내는 그릇이다. 여기에는 개인적인 습관과 버릇, 가족을 포함하는 집단의 정서와 공감, 대의를 위해 자신을 희생한 영웅의 결단과 무용담, 삶을 고통으로 이끈 전쟁과 기아, 인류사의 흐름을 바꾸어놓은 위

대한 발견과 발명들이 담겨 있다. 인간 행동을 구성하는 소중한 꼭지에서 빠질 수 없는 것이 또 있다. 오랜 시간 동안 인간과 함께해온 자연, 반려동물, 물건들, 기억과 추억……. 인간과 관계를 맺은 모든 것을 인간 행동은 소중하게 담아낸다. 요약하면 연극은 인간 및 인간과 관계를 맺어온 모든 것의 역사적 총체이며, 이런 의미에서 연극은 '인간 자체'에 대한 '역사적 축도'라고 할 수 있다.

〈연극 그리고Theatre &〉 시리즈는 상기한 '인간사의 축도'로서 연극에 대한 다양한 사유와 담론을 학술적으로, 그러나 친근한 어투로 풀어낸다. 시리즈의 필진이 세계의 저명한 연극학자들로 구성되어 있다는 사실은 저자들의 명성에 걸맞은 본 시리즈의 학술적 가치와 무게감을 방증한다. 무엇보다도 상기 저자들이 현재도 왕성하게 활동하고 있는 '동시대 인간'이라는 점에서 이 시리즈가 담아내는 연극적 사유와 담론은 그만큼 생동감 있는 현장의 목소리를 독자에게 전달할 것이라 믿어 의심치 않는다. 이러한 생생한 동시대의 연극적 사유와 담론을 한국현대영미드라마학회 학자들이 한국어로 번역하여 국내 연극학도와 일반 대중 앞에 내놓고자 한다.

〈연극 그리고〉 시리즈의 한국어판은 연극 및 드라마 학자를 대상으로 하는 전공서로서뿐만 아니라 일반 독자가 친근하고 흥미롭게 접할 수 있는 인문 교양서로도 손색이 없을 것이다. 아울러 본 시리즈의 한국어판이 국내의 연극 및 드라마 전공자는 물론, 연극을 기획하는 업계 종사자 및 연극에 관심이 있는 일반인의 지적 호기심을 충족시키기에 부족함이 없기를 바라마지 않는다. 바쁜 일정에도 선뜻 한국어 번역 작업에 동참해주신 학회의 선생님들과 어려운 시기에 출판을 맡아주신 교유서가에 심심한 감사의 마음을 전한다.

2025년 1월
한국현대영미드라마학회 회장 박정만

Theatre and 시리즈 편집자 서문

연극은 상업 극장 지구부터 변방• 지역, 정부 행사에서부터 법정의 의례, 스포츠 경기장의 스펙터클에서 전쟁터에 이르기까지 어디에나 존재한다. 이런 다양한 형태들을 가로지르는 연극적 연속체를 통해, 문화는 스스로를 증명하고 자문한다.

연극은 수천 년 동안 존재해왔으며, 연극을 연구하는 방식도 크게 변화했다. 이제 우리의 관심사를 서양의 극문학 정

• 중대형 극장들이 집중된 곳과 먼 곳에 있는 극장을 가리킨다. 영국 런던에서 도심 서쪽의 웨스트엔드(West End)는 상업 극장 지구라고 불리고, 변방(fringe, 최근에는 '프린지'라고 영어 그대로 쓰이는 경우가 종종 있음)은 런던 시내 중심이 아닌 지역에 있는 작은 극장들을 가리킨다.

전으로 한정하는 것만으로는 충분치 않다. 연극은 퍼포먼스라는 넓은 스펙트럼 속에 한자리를 차지했고, 인간 문화의 수많은 영역에 스며든, 더욱 포괄적인 제의(祭義)와 반란의 힘들과 연결되었다. 결과적으로 연극은 여러 학문 분과들을 서로 연결하는 데 도움을 주었다. 지난 50년 동안 연극과 퍼포먼스는 젠더, 경제, 전쟁, 언어, 미술, 문화, 자아감을 재고하는 중요한 은유와 실천으로 활용되었다.

〈연극 그리고〉는 연극과 퍼포먼스의 끊임없는 학제 간 에너지를 포착하려는, 짧은 길이의 책들로 이뤄진 긴 시리즈다. 각 책은 연극이 세상을 어떻게 조명하는지, 세상이 연극을 어떻게 조명하는지 질문하며, 연극과 더 넓은 세상이 보여주는 특정 측면 사이의 연관성을 탐구한다. 각 책은 연극학 분야에서 가장 앞선 비평적 사고를 대표하는 저명한 연극학자들이 한 권씩 맡아 집필했다.

하지만 우리는 동시대의 많은 학술적 글쓰기의 철학적·이론적 복잡성이 더 많은 독자층에게 장벽으로 작용할 수 있다는 점을 염두에 두었다. 이 시리즈의 핵심 목표는 각 주제에 대해 호기심을 가진 사람이라면 누구나 단번에 읽을 수 있도록 한다는 것이다. 이 책들은 도전적이고, 도발적이며, 때로

선견지명을 드러내며, 무엇보다도 명료하다. 독자들이 이 책들을 즐겁게 읽었으면 한다.

젠 하비(Jen Harvie)와 댄 레벨라토(Dan Rebellato)

알리나(Alina), 데브(Deb), 홀리(Holly), 로이스(Lois),

폴라(Paula), 페기(Peggy), 테리(Terry)와 팀(Tim)을 포함한,

내 삶을 바꾼 LGBTQ 예술가들에게 바침

서문: 극장에 에로스가 있다!

극장은 내가 최초로 섹스를 경험한 곳이다. 좀더 정확히는 풀러턴에 위치한 캘리포니아주립대학교의 극장 건물 내 댄스 스튜디오에서였다. 내 열여덟번째 생일이기도 했던 대학 첫날, 나는 내 퀴어* 소년의 몸이 다른 퀴어 소년의 몸을 극장에서 발견할 수 있기를 상상하고 바라고 기도했는데, 그 바람이 그대로 이루어진 것이다. 나는 질 돌런이 특별한 저

---

* '퀴어queer'라는 단어는 본래 '기묘한', '괴상한'을 뜻하는 형용사였으나, 19세기 말부터 이성애(heterosexual) 혹은 그것에 기초한 관습적인 성적 지향(cisgender)과 다른 대안적 성 정체성을 지칭하는 단어로 사용되기 시작하였다. '퀴어'를 '동성애'로 번역하는 경우도 있으나, 이 경우 양성애나 트랜스젠더 등을 포함하는 퀴어가 지닌 원래의 넓은 의미를 담지 못하므로, 본 역서에서는 '대안적 성적 지향 혹은 성 정체성'을 뜻하는 원서의 단어 '퀴어'를 그대로 사용하기로 한다.

서『연극 그리고 섹슈얼리티』에서 논의하는 것처럼, 극장이라는 곳이 내가 그러한 퀴어화한 몸들을 보는 장소가 되리라고 제대로 상상했고, 그에 대한 이론을 세우기까지 한 것 같다. 돌런은 극장에서 일어나는 모든 복잡한 상호 작용들이 어떻게 에로스에 흠뻑 젖어 있는지 아주 잘 이해하고 있다. 무대가 프로시니엄, 돌출형, 혹은 내가 개인적으로 가장 좋아하는 '깊은 돌출형deep thrust'인지와는 상관없이, 탁한 공기, 쓰레기, 귀에 거슬리게 울리는 휴대폰 소리, 혹은 소음을 내는 공연 안내 책자가 늘 극장에 존재하는 것처럼, 우리는 (퀴어적이든 그렇지 않든) 욕망을 극장 밖으로 내보낼 수 없다.

실제로, 관객과 배우의 관계를 표현하는 언어조차도 섹스에 흠뻑 젖어 있다. '그들은 날 사랑해요! 그들은 더 해달라고 애원했어요! 그들은 그걸 정말로 즐겼어요!'

공연장은 침, 재채기, 땀과 같은 신체의 분비물로 흠뻑 젖어 있다. 휴식 시간에 길게 늘어선 화장실 줄은 말할 필요도 없고 말이다. 한순간이라도 스포트라이트를 받지 않는 인간의 분비란 존재하지 않는다. 개인적으로 나도 무대 위에서 열 번 넘게 피를 흘렸다!

『연극 그리고 섹슈얼리티』에서 돌런은 오스카 와일드(1854-

1900)*부터 미국 헌법 재판소까지 갔던 나를 포함한 4인방이 미국예술기금(NEA)에 제기한 언론의 자유 소송** 건까지, 관객석 쪽 풋라이트부터 모든 LGBT*** 연극을 억압해온 퀴어 관련 주제, 예술가, 신체에 대한 복잡한 규율과 검열의 역사까지 살펴본다. 또한 라이브 공연이라는 퀴어적 공간이 어떻게 필연적으로 새어나오는, 또 자제할 수 없는 강력한 유토피아적 성욕(libido)에 젖어 있는지도 보여준다. 그것은 문 밑으로 미끄러져 들어와 완전한 경계 공간인 가로대를 지난다. 물론 여기서 '경계 공간liminal'이라는 말은 '문턱threshold'을 뜻하는 라틴어에서 온 단어로, 모든 행동이 나타났다 사라질 때 뛰어넘는 곳을 가리킨다. 욕망은 연극 공연의 주제와 내용의 유형물에 동기가 될 뿐 아니라, 퀴어적 관람의 가능성이 충만한 탱고 속에서 무대 위 배우들, A열과 B열의 관

• 아일랜드 출신의 극작가이자 소설가로, 19세기 후반 런던에서 큰 성공을 거두었으나 동성애 혐의로 재판을 받고 징역형을 살았다. 이 사건은 '세기의 재판'으로 전 세계에 알려졌으며, 동성애 억압의 대표적 사례로 오늘날까지도 여러 매체를 통해 회자되고 있다.

•• 1990년 미국예술기금은 선정성과 진보적·정치적 성향을 이유로 동성애자 공연 예술가 캐런 핀리(Karen Finley), 팀 밀러(Tim Miller), 존 플렉(John Fleck), 홀리 휴즈(Holly Hughes) 4인에 대한 지원금을 철회했다. 이는 큰 정치적 논란이 되었고, 헌법 재판소가 미국예술기금의 손을 들어주며 마무리되었다.

••• 네 종류의 성소수자 레즈비언(Lesbian), 게이(Gay), 양성애자(Bisexual), 트랜스젠더(Transgender)를 뜻하는 약어.

객, 관객과 무대 위 배우의 신체 사이에 존재하는 극장 내 여러 관계들 또한 활성화시킨다.

돌런은 앞서 집필한 『공연의 유토피아 *Utopia in Performance*』에서, 유토피아를 상상하고 그것의 여러 측면들을 입체적으로 살펴보고 또 맛볼 수 있게 해주는, 짧고 정확한 순간과 공간을 어떻게 라이브 공연이 소환하는지 매우 설득력 있게 설명한 바 있다. 그리고 내게 그러한 유토피아적 파이의 큰 덩어리 하나는 우리가 극장에서 조합하는 새롭고 맛깔나게 퀴어화한 욕망의 형태와 구체화 속에서 생성되는 사랑, 소통, 오르가슴, 기쁨으로 가득한 공간이다. 우리의 애정과 주체성이 에로스의 활을 떠나, 런던의 샤프츠버리 애비뉴와 뉴욕 타임스 스퀘어를 지나 할리우드 대로를 건너 우리의 가슴으로 날아든다. 이러한 무대와 객석, 그리고 무대 양옆을 비추던 극장의 불이 천천히 꺼질 때, 우리는 라이브 공연의 땀에 젖은 열기 속에서 깊은 숨을 들이마신다.

팀 밀러는 세계적으로 인정받는 퀴어 솔로 공연 배우이다. 유머와 열정으로 환호 받는 밀러의 공연들은 예일 레퍼토리 극장, 런던 현대예술학교, 워커 아트 센터, 루이스빌의 배우 극장, 브루클린 음악 아카데미 차세대물결 페스티벌(Brooklyn Academy of Music Next Wave Festival)과 같은 유명한 공연장에서, 세계 각국의 관객들에게 즐거움과 환희를 선사해왔다. 그는 『셔츠와 피부*Shirts & Skin*』,『신체 강타*Body Blows*』,『1001개의 침대*1001 Beds*』를 저술했다. 그의 연극과 에세이 모음집은 2007년 램더 문학상(Lambda Literary Awards) 드라마-연극 분야의 최우수 도서상을 수상했다. 밀러는 UCLA, 뉴욕대학교, 로스엔젤레스의 클레어몬트 신학교에서 연기를 가르치기도 했다. 그는 미국에서 영향력 있는 두 극장, 맨해튼 남동쪽의 퍼포먼스 공간 122(Performance Space 122)와 캘리포니아 산타모니카의 하이웨이 퍼포먼스 공간(Highways Performance Space)의 공동 설립자이기도 하다. 그의 홈페이지(www.TimMillerPerformer.com)를 통해 그와 소통할 수 있다.

연극 그리고 섹슈얼리티

『연극 그리고 섹슈얼리티』*는, 배우와 사람들이 그들의 일상
생활 속에서 어떻게 섹슈얼리티를 연기하고 또 어떻게 공연
이 창조되고 수용되는지에 대해 생각해볼 수 있는 중요한 관
점을, 성 정체성이 제공한다고 주장한다. 섹슈얼리티를 연극
공연과 수용의 한 구성 요소로 간주할 경우, 비평가와 예술
가들은 공연이 풋라이트의 양쪽에서 어떻게 욕망을 굴절시

---

* 책의 제목에 사용된 '섹슈얼리티sexuality'란 단어는 한글로 번역하기 쉽지 않다. 이 책에
서는 일반적으로 '성 정체성sexual identity' 혹은 '성적 지향sexual orientation'이란 의미
로 사용하지만, 성적 욕망, 본능, 표현, 행위 그리고 생식 등 '성sex'과 관련된 광범위한
의미를 지니고 있는 단어이므로 원 단어의 폭넓은 의미를 살리고자 그대로 '섹슈얼리티'
로 표기하기로 한다.

키는지 분석할 수 있게 된다. 섹슈얼리티가 젠더, 인종, 문화, 계층, 나이, 능력, 그리고 자기 인식의 다른 측면들과 같은 정체성의 여러 요소들만큼 중요하다 할지라도, 그것을 무대 위에서 '읽어'내기는 쉽지 않다. 배우를 볼 때 어떻게 그의, 혹은 그가 연기하는 인물의 섹슈얼리티를 알 수 있을까? 인물이 직접 자신이 게이, 혹은 레즈비언, 혹은 이성애자라고 알려주는 서사적 신호에 의존해야만 할까? 아니면 관객들이 배우의 몸짓, 자세, 혹은 의상을 통해 그의 섹슈얼리티를 알수 있을까? 대안적인 섹슈얼리티의 상대적인 비가시성은 관극을 (생산적이지만) 복잡한 과정으로 만들고, 배우, 연출가, 디자이너, 기획자의 예술 행위를 도발한다. 우리는 종종 우리가 보는 것이 이성애라고 당연시한다. 모든 성적 지향이나 정체성이 '규범적'인, 즉 통상적으로 규범으로 여겨지는 이성애가 아니라고 가정한다면, 우리는 게이, 레즈비언, 양성애, 트랜스섹슈얼, 트랜스젠더, 퀴어와 같은 대안적 섹슈얼리티들이 극 내용의 일부를 통해 파악되지 않거나 혹은 각 등장인물에게 명확히 부여되어 있지도 않은 경우, 그것들을 어디서 발견해야 하는가? 반대로, 관객, 연출가, 디자이너는 공연을 그러한 비전통적인 관점에서 어떻게 퀴어화할 수 있

연극 그리고 섹슈얼리티

는가? 그들이 게이, 레즈비언, 트랜스젠더, 퀴어라고 스스로 주장하는 것이 중요한가? 섹슈얼리티는 배우, 연출가, 디자이너, 등장인물, 또는 관객의 성적 인식과 상관없이, 어떻게 극이나 공연 내에서뿐만 아니라 그 아래에서 거품처럼 일어나며 동기를 부여하는 욕망의 흐름을 제공하는가?

『연극 그리고 섹슈얼리티』는 극작과 공연 제작을 레즈비언/게이/양성애/트랜스젠더/퀴어(LGBTQ)의 사회와 연극사의 맥락에 놓고, 공연(performance)에 대해 던지는 위와 같은 질문의 역사를 추적함과 동시에 그 비평적 의의를 설명하고자 한다. 연극과 공연 연구의 하위 분야로서 섹슈얼리티에 대한 비평적 관심은 역사가 간과한 LGBTQ 공연에 주목하는 복원 프로젝트이자 해석 작업으로, 1980년대 중반에 시작되어 오늘날까지 활발히 이어지고 있다. 이 책은 또한 섹슈얼리티가 삶과 지배/하위문화의 이데올로기적 주체의 한 측면으로 대두되기 시작한 1950년대 이후에 초점을 맞추어, 성적 소수자로 자신을 드러내고 활동한 연극계 LGBTQ 인물들의 역사를 기린다.

연극과 섹슈얼리티는 특히 오늘날 서양의 공연에서 늘 서로 영향을 끼치는 생산적인 분야였다. 성적 욕구는 희곡과 공연에서 등장인물의 성적 지향과 상관없이 관계를 세우거나 파괴하고, 질투심을 일으키거나 부정을 저지르게 만들며, 또한 인물들을 뭉치게도 하고 분리시키기도 하는 힘으로서, 동기를 부여하는 서사적 요소가 되어왔다. 연극은 또한 상상과 바람, 관객과 배우 사이에 일어나는 일시적인 교류의 장소이기도 하다. 현실이 아니면서도 현실 같은, 일시적이고 변화무쌍한 경계 공간의 지위를 지닌 연극은 오랫동안 사회 부적응자와 소외된 자들이 함께 모이는 곳이었다. 성적 소수자들은 지배 문화가 강요하는 순응적 삶의 방식에서는 찾기 어려운 관대한 포용을 연극인들 사이에서 발견했다.

의식적으로 LGBTQ 관점에서 창조된 연극은 내용과 형식뿐 아니라 제작 방식에도 정치적 의미를 둔다. 초창기 LGBTQ 극단 다수는 연극 제작에서 연출가가 지니는 지배적 권력을 해소하기 위해, 페미니스트 연극의 반자본주의와 반권위주의적인 운영 구조를 차용했다. 샌프란시스코의 포모 아프로 호모스(Pomo Afro Homos), 런던의 블루립스(Bloolips)와 게이 노동착취소(Gay Sweatshop)뿐 아니라 뉴욕의 여성실험극단(Women's Experimental Theatre), 와우 카페(WOW Café), 스플리트 브리치즈(Split Britches), 레즈비언 오 형제

(Five Lesbian Brothers), 우스꽝스러운 연극단(Ridiculous Theatrical Company)과 같은 앙상블 극단들은 퀴어 예술가들의 공동 창작과 협업을 통해 고안된 공연을 선보였다.

연극과 섹슈얼리티에 대한 생각은 비규범적인 섹슈얼리티의 틀을 통해 배우와 관객의 구현을 고려하도록 요구한다. 텍스트의 형식과 구조뿐 아니라 서사의 내용, 제작에 참여하는 인력, 공연과 제작 스타일, LGBTQ이거나 혹은 그렇지 않은 관객과 공동체 사이의 관계 등 여러 요소들이 공연 제작에 영향을 끼치게 된다.

이 책의 역사적·비평적·예술적 실천들에 대한 서술은 데브 마골린(Deb Margolin), 페기 쇼(Peggy Shaw), 로이스 위버(Lois Weaver)가 결성한 미국 레즈비언 페미니스트 공연 트리오 스플리트 브리치즈와 영국 블루립스의 벳 본(Bette Bourne)과 폴 쇼(Paul Shaw)가 함께 미국의 고전 〈욕망이라는 이름의 전차〉(뉴욕 에델배리모어 극장, 1947년 초연)를 퀴어적으로 각색한 공연 〈벨 리프리브 Belle Reprieve〉(1991)* 읽기에서 정점을 찍게

● '벨 리프리브'라는 제목은 원작 〈욕망이라는 이름의 전차〉에서 주인공 블랑시의 가족이 소유했던 남부 대저택 '벨 레브Belle Reve'(아름다운 저택이라는 뜻으로, 영어 공연에서는 통상적으로 '벨 리브'라고 발음)를 패러디한 것으로, '아름다운 해방' 정도로 직역할 수 있다.

될 것이다. 극작가 테네시 윌리엄스가 자신의 삶과 작품에서 동성애를 위장할 수밖에 없었던 LGBTQ 연극사의 한 시기에 집필한 이 작품을 '해체'(극의 형식과 내용을 분해하고 극의 작동 이데올로기를 드러내는 것)하는 작업은 스플리트 브리치즈와 블루립스의 협업에서 역사적으로 적절한 선택이었다. 데이비드 새브런(David Savran)은 『공산주의자, 카우보이 그리고 퀴어 Communists, Cowboys, and Queers』(1992)에서, 윌리엄스의 인물들 사이에서 게이 남성의 성적 욕구가 어떻게 은밀하고 또 종종 대체된 방식으로 교류되었는지에 대해 다룬 바 있다. 〈벨 리프리브〉는 윌리엄스의 원작을 스플리트 브리치즈와 블루립스의 개입적 연극성을 통해 해체했다. 이 공연은 원작의 사실주의를 연극적 환상의 이음매를 드러내는 재치 있는 논평과 브레히트적 연기, 그리고 '가난한 연극' 스타일로 풍자했다. 배우들은 날카롭고 종종 성적인 유머를 통해 관습적 젠더와 섹슈얼리티에 기초한 등장인물들의 명백한 인위성에 대해 논평했다. 〈벨 리프리브〉는 런던의 드릴 홀(Drill Hall)에서 최초로 공연했으며, 이어 뉴욕 시내에 위치한 실험 연극 클럽 라마마(La Mama) E.T.C.에서도 공연되었다. 『연극 그리고 섹슈얼리티』는 〈벨 리프리브〉가 명백히 드러내는 공연

전략과 저항적 읽기 행위의 해설을 통해 공연으로 실천된 이론을 입증하고, 또 그러한 비평적 접근에서 발견할 수 있는 즐거움이 어떤 것인지 보여주고자 한다. 이 책은 또한 상업 연극, 혹은 윌리엄스로 대표되는 주류 연극과 스플리트 브리치즈와 블루립스 같은 극단이 제작하는 좀더 아방가르드적이고 실험적인 공연 간의 상호 작용을 추적한다. 『연극 그리고 섹슈얼리티』는 아방가르드에 좀더 초점을 두는데, 부분적으로는 미국, 영국, 그 외 다른 나라의 LGBTQ 연극사의 앞선 문헌들이 거의 전적으로 백인 남성들이 가장 주목받고 큰 성공을 거둔 상업 연극에 치중했기 때문이다. 논의의 초점을 재조정하여 중심부뿐 아니라 주변부 또한 살펴봄으로써, 본 저자는 섹슈얼리티가 어떻게 20세기부터 현재까지 무대 위에서 재현되어왔고 또 연극에 영향을 끼쳐왔는지, 좀더 풍성하고 상세한 이야기를 전개하고자 한다.

20세기
게이와 레즈비언의 삶과 생각

연극은 이성애적 규범에서 벗어난 이들에게 피난처를 제공
해왔지만, 오랫동안 성적 소수자를 억압하고 비이성애적인
관계나 인물의 재현을 검열한 지배 문화의 영역이기도 했다.
미국에서는 1873년 컴스톡 법(Comstock Law)을 제정하여, '외
설적'으로 여겨지는 자료를 검열하고 피임 정보의 유통을 막
음으로써 대중에게 도덕성을 강요했다. 또한 이 법은 경찰
단속반에게 매우 사소한 부주의를 이유로 (특히) 뉴욕의 극
장들을 폐쇄할 수 있는 권리를 주었다. 학자들이 미국에서
공연된 최초의 레즈비언 연극이라 생각하는 에두아르 부르
데(Edouard Bourdet)의 연극 〈포로 The Captive〉(뉴욕 엠파이어 극장,

1926년 초연)는 외설적인 것으로 여겨져, 풍기 문란 사범 단속 반들에 의해 다섯 달 만에 공연이 중단되었다. 1927년에는 도발적인 스타일로 잘 알려진 인기 배우이자 극작가인 메이 웨스트(Mae West)가 연극 〈섹스Sex〉를 브로드웨이에서 공연 했는데, 웨스트를 비롯하여 출연진들이 모두 체포되었고 공연은 중단되었다. 메이 웨스트는 후에 복장 도착자들의 코스튬 무도회를 다룬 〈드래그The Drag〉의 브로드웨이 공연을 시도했다. 뉴욕시를 둘러 싼 3개 주 지역•에서 프리뷰 공연이 진행되었으나, 뉴욕 풍기문란자제모임(New York Society for the Suppression of Vice)은 뉴욕시 공연 시도는 막아설 것이라고 위협했다.

이와 동시에, 역사가들은 많은 연극인이 동성애자였다는 사실이, 퀴어 이론가 이브 코소프스키 세지윅(Eve Kosofsky Sedgwick)이 자신의 1990년 저서 『벽장의 인식론The Epistemology of the Closet』에서 제시한 용어처럼, '알려진 비밀'이라고 주장한다. 일상생활의 여러 제약을 견딜 수 없었던 인습 타파주

• 원어 명칭은 'New York tri-state area', 혹은 'New York metropolitan area'로, 인접해 있는 뉴욕, 뉴저지, 코네티컷 3개 주의 가장 큰 도시들을 포함하는 대규모 경제 권역을 가리킨다.

의자들은 개인적인 자유를 제공하는 연극의 환상적 스펙터클과 유혹에 이끌렸다. 그러나 이러한 사람들 다수는 대중의 반감 때문에 그들의 섹슈얼리티를 공표할 자유를 주장할 수 없었다. 미국의 극작가 에드워드 올비(Edward Albee)와 테네시 윌리엄스는 20세기 중엽 브로드웨이에서 성공을 거두었으나, 직접적으로 공표된 사실은 아니더라도 잘 알려졌던 그들의 동성애에 대해 주요 신문의 비평가들은 은밀하게 언급했다. 영국 극작가 오스카 와일드는 그의 날카로운 재치와 노골적인 의복 스타일에서 잘 드러난, 자신에 대한 대담한 공연들로 인해 지배 문화의 감시 대상이 되었고, 결국 1895년 재판에서 유죄를 선고받았다. 역사가들은 19세기 미국의 연극 기획자 클라이드 피치(Clyde Fitch)부터 20세기의 유명 배우 알프레드 런트(Alfred Lunt)와 린 폰탠(Lynn Fontanne)에 이르기까지, 많은 연극인들을 위장 속에 성적 불순응자의 삶을 사는 이들로 묘사한다.

게이 남성과 레즈비언들은 무대 뒤에서 그들의 공동체를 발견했지만, 극장은 여전히 퀴어 예술가들을 벽장 속에 숨겨두고 풋라이트 앞에서 보수적이고 규범적인 가치관을 유지했다. 심지어 게이로 알려진 작가의 연극조차도 규범에서 벗어난 섹슈얼리티를 지닌 등장인물들을 저주하고 비하할 정도였다. 윌리엄스의 〈지난여름 갑자기Suddenly, Last Summer〉에는 해변 리조트에서 소년들을 유혹하던 게이 남성이 성난 군중에 둘러싸여 잡아먹히는 끔찍한 장면이 있는데, 이는 동성애자들에 대한 혐오의 역사적 순간을 섬뜩하게 재현한 것이다. 릴리언 헬먼(Lillian Hellman)과 같은, 어느 정도 명성을 얻은 극작가들도 마찬가지로 시대의 지배적 관점을 자신들의 작품에 담아, 레즈비언과 게이 남성이 자신의 성적 욕망 때문에 자살하거나 절망적인 고립의 삶을 사는 이야기를 집필했다. 한 예로, 1934년 뉴욕 맥신 엘리엇 극장(Maxine Elliott's Theatre)에서 초연한 헬먼의 〈아이들의 시간The Children's Hour〉에 등장하는 젊은 교사 두 사람은 둘 사이에 '부적절한' 관계가 있다고 소문을 퍼뜨린 학생들 때문에 자신들이 설립한 학교를 잃는다. 둘 중 한 여성이 다른 여성에 대해 호감을 느낀다고 인정하며 당황스러운 고백을 하고는, 결국 목을 매어 자살한다. 미국과 영국 역사의 오랜 기간 동안, 주목받은 극작가들이 창작한 연극에서 건강하고 자아실현을 한 게이 남성이나 레즈비언의 자리는 찾기 어려웠다.

연극계에서 LGBTQ 예술가들의 운명은 시대의 정치적

상황에 따라 변화해왔다. 미국에서 실질적으로 게이와 레즈비언의 포용을 외친, 미국의 첫 게이 인권의 표현이라 할 수 있는 동성애옹호운동(homophile movement)은 게이와 레즈비언 하위문화가 전국 대도시에서 형성되기 시작한 1950년대에 인권 운동에 잠정적으로 편입되었다(조지 촌시George Chauncey의 『게이 뉴욕 *Gay New York* 』(1994), 존 디밀리오John D'Emilio와 에스텔 프리드먼Estelle B. Freedman의 『사적인 문제 *Intimate Matters* 』(1988) 참조). 해방 운동이 자리를 잡은 1960년대에는, 이러한 성적 하위문화가 특히 여성과 비백인과 같은 다른 소수자 그룹의 정치적 투쟁과의 공감을 통해 정치적 성격을 띠게 되었다. 1950년대 미국의 매터신협회(Mattachine Society)와 빌리티스의 딸들(Daughters of Bilitis)과 같은 사회 운동 단체들이 성적 소수자들을 한데 모아 그들의 권리를 주장하도록 했으나, 많은 역사가들은 게이와 레즈비언 인권 운동의 시작을 1969년 뉴욕 그리니치빌리지의 스톤월 항쟁에서 찾는다. 스톤월 항쟁 전에는, 대안적인 삶을 영위하는 이들을 포함해 연극인과 예술가들을 위한 오랜 보헤미안 안식처로 알려진 뉴욕 남서부 술집에 모이던 게이 남성과 레즈비언들은 자신들이 자주 드나드는 술집과 나이트클럽에 정기적으로 들이닥치는 단속반에게 체포되는 일을 흔한 사건으로 받아들였다. 남성과 여성은 당시 젠더 관념에 부합하는 옷을 최소 세 가지는 입어야 했는데, 그렇지 않을 경우 풍기 문란 죄로 체포되었다. 1969년 6월 28일 스톤월 인(Stonewall Inn)에 경찰이 들이닥쳤을 때, 게이 남성들과 그 술집의 몇몇 레즈비언 고객들, 그리고 드래그 퀸(여성처럼 옷을 입고 화장을 하여 여성성을 연기하는 남성)들은 법적 조치를 위해 그들을 데려가려는 경찰차에 순종적으로 탑승하기를 거부했다. 대신 그들은 그때까지 겪은 수난의 부당함에 대해 깊이 삭혀온 분노를 표출하여, 창문을 깨고 의자를 던지거나 다른 방식으로 체포에 저항하며 폭동을 일으켰다. 이 폭동의 소문이 퍼져나가며 LGBTQ 해방 운동은 동등한 권리와 정당한 대우를 위한 공개적이고 더 공격적인 활동을 펼칠 동기를 얻었다. 1967년, 영국에서는 부분적으로 동성애를 처벌 대상에서 제외시킨 성범죄법(Sexual Offences Act)이 통과되며 미국과 유사한 역사적 흐름이 전개되었다. 미국에서 게이 해방을 위한 전국적 운동의 발단이 된 스톤월 항쟁은 법을 바꾸고 게이와 레즈비언들에 대한 포용을 촉구하는 많은 비영리 단체들을 낳았다.

1980년대와 90년대의 연극적인 길거리 사회 운동

　20세기의 마지막 10년 동안에는 ACT UP(AIDS Coalition to Unleash Power/힘을 촉발시키기 위한 에이즈 연맹)과 퀴어네이션 (Queer Nation)과 같은 진보적 단체들이 인권 캠페인(Human Rights Campaign), 게이와 레즈비언 승리기금(Gay and Lesbian Victory Fund), 전국 레즈비언게이 대책위원회(National Gay and Lesbian Task Force) 등의 미국 전국 연합 단체들의 순응주의적 성격에 대해 반발했고, 미국과 영국의 LGBTQ 사회 운동은 더 급진적인 전환점을 맞이했다. 1988년 동성애의 '의도적 인 장려'와 동성애를 적절한 가족 관계의 하나로 가르치는 것을 금지하는 지방정부법(Local Government Act) 28조의 입 법은 영국 사회 운동가들을 분노하게 했다. 28조에 대한 직 접적인 반발로, 1990년 '분노!OutRage!'라는 단체가 결성되어 레즈비언과 게이 남성들에 대한 부당한 처우에 맞서는 공적 활동들을 기획하기 시작했다. '분노!'가 처음으로 행동에 옮 긴 것은 하이드파크의 공공 화장실에 드나드는 남성들에게 덫을 놓는 경찰 단속에 대한 항의였다. 이어지는 항의에서 는, 공공장소에서 신체적으로 애정을 표현하는 게이 남성들의 체포를 반대하는 의미로 피카딜리 서커스 광장에서 '키스 농성kiss-in'을 연출하기도 했다. 퀴어네이션은 미국의 게이 남성, 레즈비언, 그리고 자신들을 '퀴어'라 지칭하는 이들을 하나로 모으기 위해, 시민 중심의 대중적이고 연극적인 전략들을 사용했다. 퀴어네이션은 '퀴어'라는 단어를, 게이와 레즈비언들에 대해 폄하의 의미를 지닌 비속어에서 비규범적인 성적 정체성을 지니고 행위를 하는 사람들을 단결시키는 말로 바꾸는 데 공헌했다. '퀴어'라는 단어는 완전히 규범적이지 않은 성적 욕구를 지닌 이성애자들도 그 범주 안에서 연합할 수 있도록 함으로써, LGBTQ 운동의 규모를 확장했다.

1990년대 ACT UP과 퀴어네이션은 에이즈(HIV/AIDS) 연구와 기금 마련에 무관심한 미국 정부를 향해 시위를 벌였고, 비규범적인 섹슈얼리티를 퀴어와 그렇지 않은 이들을 구별하는 핵심적이고 긍정적인 차이점으로 내세웠다. ACT UP과 퀴어네이션은 법원과 국회를 통해 인식과 정책을 바꾸려 애쓰며 게이 남성과 레즈비언이 '다른 이들과 같다'고 주장한 앞선 단체들과 달리, LGBTQ 이슈에 사람들의 이목을 끌고 동질성보다는 차별성을 주장하기 위해 길거리 시위와 직접적이고 좀더 공격적이며 연극적인 전략들을 사용했다. 가장 왕성히 활동하던 시기의 ACT UP은 에이즈에 대한 정부의 무관심의 대가를 명확히 보여주고자, 백악관에서 '죽음 농성die-ins'과 공공 장례식을 거행하기도 했다. 키스 농성을 연출하고, 가로등 기둥과 건설 현장, 때때로 전통적인 매체에서 LGBTQ 섹슈얼리티를 재현한 이미지를 통용시키는 것 또한 퀴어네이션 전략의 일부였다. 퀴어네이션은 앞서 자리 잡은 운동들의 관습적인 목표를 거부했으며, 그 대신 에이즈 대유행에 대한 두려움이 (이들에게 있어서) 공공장소에서의 성행위와 LGBTQ가 지닌 차별성에 대한 공적 가시성을 포함하는 퀴어 문화의 가장 중요하고 해방적인 측면을 닫아버렸다고 주장했다.

퀴어의 시민 권리와 주류 사회로의 편입뿐 아니라 퀴어 혁명을 위한 사회 운동은 미국과 영국을 포함한 여러 나라에서 계속되고 있다. 21세기 초에 바이러스를 진정시키는 여러 약들이 개발되어 AIDS 환자들의 수명이 길어지면서, 사회 운동의 초점은 에이즈 치료에서 좀더 생산적인 삶의 추구로 옮겨가게 되었다. 몇몇 사회 운동가들은 주류 사회에 동화하기 위한 전략의 일환으로 게이와 레즈비언들이 결혼과 커밍아웃을 하고도 군대에 복무할 수 있도록 하는 권리에 주목하며, 앞선 운동의 진보적인 목표들을 다시 한번 추구했다.

21세기 초에는 이미 많은 공적 영역에서 LGBTQ 사람들이 두각을 드러내고 유명세를 탔다. 코미디언이자 영화 배우인 엘런 드제너러스(Ellen DeGeneres)는 1990년대 중반 TV 드라마에서 연기한 인물이 레즈비언 성향을 밝혔을 때 자신 또한 커밍아웃을 했는데, "네, 저 동성애자예요Yep, I'm Gay!"라는 드제너러스의 선언은 『타임』지 표지를 장식하기까지 했다. 다른 수많은 공인들도 그 뒤를 따랐다. 당시에 자신의 성적 정체성을 숨기는 것(closet)이 여전히 LGBTQ 문화의 결정적인 측면이긴 했지만, 사회 운동과 합법화를 위한 로비 활동과 함께 적어도 백인, 중산층 게이 남성과 레즈비언들의 공적 가시성이 증가함으로 인해 대중적 태도에도 변화가 일어났다. MSNBC의 인기 있는 레즈비언 해설가 레이철 매도(Rachel Maddow)는 데뷔 때부터 자신의 레즈비언 정체성을 밝혔고, 다른 공공 인사들도 기꺼이 자신의 섹슈얼리티를 중요하면서도 일상적인 자기 삶의 한 측면으로 밝히게 되었다.

ABC 인기 텔레비전 시리즈 〈그레이 아나토미〉에서 불운한 이성애자 조지를 연기한 T. R. 나이트부터 CBS 텔레비전

쇼 〈내가 그녀를 만났을 때How I Met Your Mother〉에서 이성애자 역할로 등장했고 브로드웨이 배우로 존경받는 커리어를 유지해온 패트릭 해리스, CBS 시트콤 〈올드 크리스틴의 새로운 모험The New Adventures of Old Christine〉에서 줄리아 루이스-드레이퍼스의 상대역을 맡은 아프리카계 미국인 코미디언이자 최근 캘리포니아에서 자신의 여성 파트너와 결혼식을 올린 완다 사이크스, 폭스 텔레비전의 퀴어 뮤지컬 시리즈 〈글리〉에서 운동복을 입고 다니는 건방진 치어리더 팀 코치를 연기한 제인 린치까지, 게이 남성과 레즈비언 들은 대중 문화에서 폭넓은 존재감을 지니게 되었다. 레즈비언과 게이 연극 및 영화의 초기 비평가들은 단순히 대중의 눈에 띄는 것만으로도 LGBTQ의 정치적 포용과 힘을 신장시키는 결과를 낳으리라 생각하여, 지배 문화에서 이러한 대중적인 이미지들을 찾고자 노력했다.

공연에서의 섹슈얼리티를
어떻게 볼 것인지 이론화하기

1980년대 후반부터 현재까지, 미국과 영국의 사회 운동과 함께 학문적 연구와 비평을 생산한 학자들은 연극과 공연에서 섹슈얼리티의 문제에 어떻게 접근해야 하는지에 대한 중요하고 복잡한 질문들을 제기해왔다. 성적 정체성은 사람의 '존재 자체'인가, 혹은 행위의 집합을 뜻하는가? 사람들은 게이와 레즈비언으로 태어나는가, 혹은 그들이 자라며 겪는 문화와 공동체의 영향에 의해 후천적으로 그러한 성적 지향이 형성되는가? 성적 정체성과 젠더가 선천적인 것이라 믿는 '본질주의자'와 결코 타고 나는 것이 아니라 항상 개인의 의지와 역사와 문화적 환경의 상호 작용에 의해 형성된다고 보는 사회적 구성주의자 간의 근본적인 논쟁은 LGBTQ 연구 초기의 이론적 토대가 되었다.

역사가들이 예전 학자들이 무시하거나 의도적으로 지워버린 LGBTQ 사람들의 삶을 되찾는 작업에 착수하는 동안, 권력의 작동 방식을 비판적으로 분석한 프랑스 철학자 미셸 푸코(Michel Foucault)의 영향을 받은 이론가들은 역사의 관습과 함께 시대에 따라 변하는 이데올로기의 표면적 재현으로서의 젠더와 섹슈얼리티 개념을 발전시키기 시작했다. 미국 철학자 주디스 버틀러(Judith Butler)의 저서 『젠더 트러블 *Gender Trouble*』은 페미니스트 이론뿐 아니라 퀴어 이론이라는 새로운 분야를 정립하는 근간을 제공했다. 버틀러는 젠더와 성적 지향이 선천적인 것이 아니라 사회적 규범과 개인적 저항, 혹은 묵인 간의 지속적 교류 속에서 형성된다고 제안했다. 그리고 젠더와 섹슈얼리티를 서로 관련이 깊은 범주라고 보았다. 또한 버틀러는 해체(deconstruction)라는 비평적 방법론을 사용하여, 이성애/동성애라는 이분법적 정의가 서로를 통해서만 서로를 이해할 수 있도록 제한하고 사회적 권력은 이 한 쌍의 단어 중 첫번째 단어에 상대적으로 더 많은 특권을 부여한다고 주장했다. 버틀러는 이성애와 동성애를 역사적이고 가변적인 것으로 만드는 힘에 대해 고찰함으로써, 젠더와 섹슈얼리티가 선천적인 '본질'이 아니라 이의를 제기하고 다시 정의내릴 수 있는 사회적 관습(constructions)이라 주장했다.

연극과 공연 연구에서, 학자들은 긍정적인 게이 남성과 레즈비언의 이미지를 찾던 초기 단계에서 한 걸음 더 나아가 연극이라는 매체가 젠더와 섹슈얼리티에 대한 규범을 어떻게 심어주는지 이해하기 위해 버틀러의 이론을 채택했다. 수-엘런 케이스(Sue-Ellen Case), 린다 하트(Lynda Hart), 페기 펠런(Peggy Phelan), 데이비드 로먼(David Roman), 데이비드 새브런과 나를 포함한 이론가들은 연극을 단순히 게이, 레즈비언, 혹은 이성애자 주체들(한때 이데올로기에 종속되었으나 자신의 삶의 주체가 될 자유가 있는 이들)의 반영으로 보기보다는, 연극이라는 형식이 자신 그대로의 모습뿐 아니라 어떤 사람이 되어야 하는지에 대한 지배 문화의 이미지를 강화시키는 LGBTQ 사람들의 모습을 재현하는 내용과 어떻게 호응하는지에 대해 고려했다. 이들은 연극이 단순히 현실을 반영하지 않으며, 레즈비언과 게이 남성의 긍정적인 모습을 재현하는 것만으로는 사회를 변화시킬 수 없다고 주장했다. 반대로 연극이 '정상'적인 것에 대한 관습적 개념을 강요함으로써, 우리가 현실이라고 여기는 것을 만들어낸다고 보았다. 사실주의라는 연극 장르는 배우/인물을 관객에게서 가상적으로 분리시키는, 제4의 벽에 의해 단절되고 밀폐된 세상을 재현한다. 또한 게이와 레즈비언 인물들을 소외시키고 경멸하거나 심지어 추방, 혹은 살해하기까지 하는 보수적인 이데올로기의 틀 안에서 세계를 구축하고 관객들로 하여금 그것에 몰입하고 지지하도록 유도하는 경향을 보이는데, 이로 인해 비판적인 검토의 대상이 되었다. 이론가들은 사실주의가 게이 남성이나 레즈비언 작가가 쓴 작품에서조차 LGBTQ 인물들의 힘과 자기 결정을 억압한다고 주장했다. 그 예로, 미국 최초의 커밍아웃 레즈비언 극작가인 제인 체임버스(Jane Chambers)의 사실주의 작품들에서는, 문란한 삶을 살고 전통적인 형태의 가정을 꾸리지 않은 레즈비언 인물들이 극이 전달하는 도덕적 메시지의 반면교사가 되거나 죽음을 맞이하기까지 한다. 1980년 뉴욕의 배우극장(Actors' Playhouse)에서 초연된 〈블루피시 만에서 보낸 지난여름Last Summer at Bluefish Cove〉에서, 주인공 릴은 오랜 관계에 정착하지 못하고 다른 여성들의 여자 친구를 쫓아다니며 인생을 보낸 바람둥이로, 자기가 거주하는 동네의 도덕적 관념을 뒤흔들어놓는다. 릴은 자신이 꿈꾸던 이성애자 여성을 만나지만 암에 굴복하게 되고, 결국 죽음을 맞이함으로써 릴이 공동체에 가하던 위협은 해소된다.

연극의 퀴어화

퀴어 공연 이론가들은 제4의 벽을 두른 가정극의 관습을 따르기 거부하는 포스트모던적인 스타일과 장르를 옹호하며, 사실주의의 보수적 성격에 대항했다. 그들은 등장인물들이 거리를 두는 브레히트적 방식으로 자신 혹은 플롯에 대해 논평하고, 조명, 무대, 의상, 대본, 장식, 소품, 극장의 건축 구조, 객석의 배열, 도시나 마을 내 극장의 위치 등의 공연 요소들을 드러내는 작품들을 대중화시켰다. 연극이 무대 위에서 현실을 창조하는 원리를 보여주는 전략에는, 관객에게 조명 기구를 보여주고 사실적으로 보이려 애쓰지 않는 무대를 세우거나 공연의 일부로 무대 지시 사항들을 읽거나 보여주는 것 등이 있었다. 극의 등장인물들은 극장에 앉아 지켜보는 관객이 마치 그곳에 존재하지 않는 듯 행동하는 관습적 합의를 무시하고, 종종 관객에게 직접 말을 걸었다. 이러한 연극과 공연은 새로운 세대의 LGBTQ 학자와 비평가 들의 시선을 상업 연극에서 아방가르드 실험 연극들로 옮기며, 심취와 경외의 대상이 되었다.

퀴어 연극 이론가들은 형식과 그것이 어떻게 내용의 의미를 결정짓는지와 더불어 섹슈얼리티가 어떻게 관객의 수용에 영향을 끼치는지를 고려했다. 예를 들어, 관객은 동성애적 호감을 주 내용으로 다루거나 그것이 새롭고 좀더 실험적인 형식을 구성하는 연극을 이해하기 위해, LGBTQ와 자신을 동일시해야 하는가? 혹은 LGBTQ 관객들만 그러한 공연을 온전히 이해할 수 있는가? 문화 비평가 알렉산더 도티(Alexander Doty)가 『완벽하게 퀴어로 만들기Making Things Perfectly Queer』(1993)에서 제시하듯 관객이 공연을 '퀴어 방식으로 읽는 것'이 가능한가? 만약 성적 정체성이 버틀러와 다른 이론가들의 주장처럼 행위의 집합이라면, 아마도 모든 관객은 LGBTQ와의 동일시 여부와 상관없이 연극과 공연을 퀴어적 관점에서 해석할 수 있을 것이다. 이와 마찬가지로 도티와 스테이시 울프(Stacy Wolf) 같은 공연학 학자들은 미국 뮤지컬을 페미니스트와 퀴어 연구의 관점에서 바라본 『마리아와 같은 문제 : 미국 뮤지컬의 젠더와 섹슈얼리티A Problem Like Maria: Gender and Sexuality in the American Musical』(2002)에서 연극 텍스트를 퀴어화할 수 있다고 주장한다. 여기서 원래 존재의 상태를 뜻하는 명사로 사용된 '퀴어'라는 단어는 관객, 비평가, 그리고 예술가가 예술적 재현을 퀴어적 관점에서 재해석하

는 행위를 뜻하는 능동적인 동사로 바뀌어 사용된다. 울프는
〈사운드 오브 뮤직〉 분석에서, 영화에서 마리아 역을 연기한
줄리 앤드루스가 오랫동안 레즈비언 욕망과 매혹의 대상이
되어왔다고 주장한다. 실제로, 마리아를 퀴어로 해석하는 것
은 관객으로 하여금 뮤지컬의 플롯에서 강조되는 철저한 이
성애적 내용에 대한 즐거운 저항을 경험하게 해준다. 울프
는 마리아가 폰 트랩 대령과 결혼하는 장면이 연극과 영화에
서 가장 흥미롭지 않은 부분이고, 마리아/앤드루스, 그리고
브로드웨이 뮤지컬에서 해당 배역을 맡았던 배우 메리 마틴
(Mary Martin)이 가정 중심의 전통적인 중산층 삶에서 자신을
물리적으로 해방시키는 강인함, 리즐을 비롯한 폰 트랩 가의
자녀들(그리고 수녀들)과 맺는 관계, 그리고 노래와 춤으로 인
해, 레즈비언과 페미니스트의 주목을 끈다고 보았다.

　LGBTQ 예술가들은 게이, 레즈비언, 퀴어 관점에서 새로
운 작품을 쓰는 것과 더불어 전통적인 소재를 (동사적 의미로)
'퀴어화'할 수 있다. 예를 들어 〈벨 리프리브〉는 〈욕망이라는
이름의 전차〉를 각 등장인물이 윌리엄스 원작의 관습적인
젠더 관념과 상충되는 성 역할을 연기하는 포스트모던 유희
로 탈바꿈시킨다. 잘 알려진 〈욕망이라는 이름의 전차〉의 텍

스트를 개작한 LGBTQ 예술가 네 사람은 전통적인 연극이 어떻게 지배 문화의 인종, 문화적 배경, 그리고 다른 정체성의 요소들뿐 아니라 젠더와 섹슈얼리티의 정의를 문제 제기 없이 그대로 전달하는지에 초점을 둔다. 이들은 〈욕망이라는 이름의 전차〉를 퀴어화하면서, 윌리엄스 극에 담긴 젠더와 섹슈얼리티에 대한 관념들, 즉 여성은 남편에게 충실해야 하고 가장의 권위를 절대 위협해서는 안 된다는 의식, 혹은 '진짜' 남자는 성적으로 힘이 좋고 여성을 끌어들이는 매력이 있다는 생각, 그리고 정력과 폭력은 불가분의 관계라는 편견 등이, 진리로 받아들여져야만 하는 역사를 초월하는 가치가 아닌 관습에 의해 지속된 사고방식에 불과함을 강조한다.

LGBTQ 이론가들은 또한 욕망을 게이, 레즈비언, 퀴어 연극뿐 아니라 모든 연극 공연에서 동기를 부여하는 주된 요인으로 제안했다. 퀴어와 페미니스트 이론가들은 섹슈얼리티가 어떻게 무대 위, 그리고 관객들 사이에서 작용하는지 분석하면서, 욕망은 배우와 배우 그리고 배우와 관객 사이에 시선의 교환을 강요하는 방식으로 무대와 객석을 왕래한다는 점을 강조했다. 퀴어 연극과 공연 이론가들은 로라 멀비(Laura Mulvey)의 중요한 에세이 「시각적 유희와 서사 영화 Visual Pleasure and Narrative Cinema」(1975)에서 설명하는 페미니스트 영화 이론을 변용하여, 욕망을 라이브 공연의 가장 중요한 요소 중 하나이자 공연자와 관객 간 상호 작용 가운데 순환하는 핵심적인 힘으로 제시했다. 퀴어적 욕망은 늘 기존 체제에 대한 위협으로 간주되었기 때문에, 컴스톡 법과 외설을 금하는 다른 법들이 완화된 이후에도 LGBTQ 공연은, 1990년대 미국예술기금(NEA) 4인방 스캔들이라는 악명 높은 사건이 잘 보여주듯, 종종 검열의 대상이 되어왔다. 연방 정부의 지원을 받지 못하던 암울한 그 시절, 퀴어 공연자 세 사람, 존 플렉, 팀 밀러, 홀리 휴즈와 유별나고 도발적인 페미니스트 공연가 캐런 핀리는 동료 예술가 심사 위원단이 투표로 그들의 공연을 지원하기로 결정했음에도 미국예술기금의 지원이 철회되었다는 사실을 알게 되었다. 보수적인 성향을 가진 사람들이 불쾌하게 받아들이는 예술을 공적으로 지원하는 데 대한 반발과 논쟁은 거의 10년간 계속되었으며, 많은 LGBTQ 연극과 공연 예술가들이 정치에 깊은 관심을 갖도록 만들었다.

이러한 사태의 핵심 이슈는 퀴어적 욕망이었는데, 자신들이 정죄한 작품을 실제로 본 적도 없는 극우 정치인들은 시민들의 세금이 타락한 행사를 지원하는 데 사용되어서는 안된다고 주장했다. 이 논쟁은 보수주의자들이 이성애적 결혼 관계를 통해 형성된 전통적인 가족 체계를 선호하는, 명백한 편견이 담긴 기준을 적용한 공동체의 규범에 따라 변태적이고 별 볼일 없다고 간주한 예술가들과 소위 말하는 '정상적인' 시민들 사이의 충돌이었다. 미국예술기금 사건은 연극과 공연이 한 국가의 시민이 가지는 완전한 권리에 대한 깊은 정치적 논쟁의 장소가 되어왔음을, 섹슈얼리티가 이러한 진중한 논쟁에서 늘 주요한 고려 사항이었음을 잘 보여준다.

연극과 공연:
브로드웨이와 오프브로드웨이

대안적 성 정체성을 지닌 시민들의 사회적 위치와 도덕성은 (1969년 이전의 다수 연극에서 그러하듯) 비밀스럽고 또 (1990년대 대중화한 자서전적이고 아방가르드적인 LGBTQ 공연자들의 솔로 공연에서처럼) 공개적인 방식으로 연극과 공연에서 오랫동안 다루어진 주제이다(돌런, 2005년 에세이 「레즈비언과 게이 드라마Lesbian and Gay Drama」 참조). 1968년 뉴욕의 4극장(Theater Four)에서 초연된 마트 크롤리(Mart Crowley)의 〈밴드의 소년들Boys in the Band〉은 스톤월 항쟁 이전 게이 연극의 원형이라 할 수 있는 작품이다. 비록 당시의 고정 관념을 담고 있기는 하지만, 최초로 공감적인 관점에서 대중 관객을 위해 게이 남성들의 삶을 묘사했다. 극은 동료들 가운데 가장 퀴어로 보이는 남성 해럴드와 그의 생일을 축하하려고 모인 친구들에 대한 이야기이다. 해럴드의 얽은 얼굴은 그가 스스로 드러내는 유대인적 측면과 함께, 당시 주류 관객들이 동성애자들에게 느꼈던 반감을 물리적으로 표현한다. 그의 매력 없는 표정과 가녀려 보이는 '꺾인 손목limp-wristed' 자세는 못생기고 여성스럽다는 게이 남성의 스테레오 타입을 확인시켜준다. 해럴드의 친구들 사이 상호 작용 또한 다른 문화적 선입견을 반영하는데, 동성애에 대한 사회의 반감을 내재화하고 스스로를 경멸하는 동성애자, 이성애자인 것처럼 연기하는 게이 남성, 일부일처제가 체질적으로 불가능하다는 고정 관념을 재확인시켜주는 문란한 게이 남성의 성 문화, 감정적 교류보다는 섹스를 원하는 모습 등이 그러하다.

이 남성들의 향락적 술 파티와 진실 게임은 혹독한 비난과 고통스러운 고백, 계시로 이어진다. 이날 저녁, 우연히 찾아온, 해럴드의 이성애자인 동성 대학 친구는 자신의 결혼 문제를 털어놓는다. 대신, 게이 남성들은 그의 고민에 공감을 표하고, 그의 이성애적 관계에 대한 헌신은 더 강해진다. 궁극적으로, 〈밴드의 소년들〉의 등장인물과 관객은 게이 남성을 이성애자의 눈으로 바라보고, 그에 따라 그들을 동정하거나 비난하게 된다. 자신이 속한 특권 계층의 거품 속에 고립되어 인권 운동에 대해 완전히 무지하고 가능하다면 이성애자로 살고 싶다 말하는 백인 남성들을 묘사한다는 점에서 오늘날의 관점으로 볼 때 시대에 역행하는 정치적 성격을 지닌 작품임에도 불구하고, 이 극은 오프브로드웨이에서 1천 회나 공연되었고, 크롤리의 각색을 통해 윌리엄 프리드킨(William Friedkin) 감독의 영화로 만들어지기까지 하면서 당시 관객들에게 게이 남성들의 삶에 대한 진실된 이야기를 들려주는 참고 자료로 받아들여졌다. 그러나 사실 이 영화는 게이 남성들을 반사회적이고 병들어 있으며 자살 충동을 느끼는 변태적인 존재로 여긴, 당대의 고정 관념을 재확인시킨 것에 불과하다.

에이즈가 발견되기 전 미국의 게이 남성과 레즈비언에 대한 정치적 포용에 가속도가 붙기 시작한 1980년대 초반, 극작가이자 배우인 하비 피어스타인(Harvey Fierstein)은 1982년에 〈횃불 노래 3부작Torch Song Trilogy〉을 브로드웨이의 작은 극장(Little Theatre)으로 옮겨 공연했는데, 이 극의 일부는 앞서 1978년부터 클럽 라마마나 배우극장과 같은 뉴욕 시내

극장들에서 공연된 바 있다. 이 극은 긍정적이고 때로는 (어떠한 사람들은 게이 남성들만 지니고 있는 미학으로 여기기도 하는, 곳곳에 과장된 설정을 심은 아이러니한 스타일의) 캠프적인* 관점에서 뉴욕에 거주하는 게이 백인 남성의 일상 속 사소한 에피소드들을 다룬 이야기를 전달하는, 단막극 3개로 이루어져 있다. 그중 일인극 〈국제적 난봉꾼 International Stud〉에서 피어스타인은 (자신과 다르지 않은) 뉴욕에 거주하는 게이 유대인이자 전문적인 드래그 퀸 아널드 베코프를 연기했다. 피어스타인은 베코프 역할을 통해, 클럽에서 자신이 이름 모를 상대와 나눴던 성적 경험을 무대 위에서 재현했다. 그 장면은 브로드웨이 역사상 첫 항문 성교의 재현으로 추정되며, 유대인 스타일 유머로 피어스타인은 뉴욕 관객들에게 친숙한 배우가 되었다. 상대방의 긴장을 풀어주는 자학적인 희극 스타일은 관객에게서 조롱이 아닌 공감을 통한 웃음을 자아냈고, 그 과정에서 그의 다름을 존중하도록 만들었다. 〈횃불 노래

---

* 영어 원문은 'campy'로, '우스꽝스럽게 과장된, 인위적인, 연극적인' 등의 의미를 지니며 주로 퀴어 미학을 지칭할 때 사용된다. 문법적으로는 'camp'의 형용사 형태이지만, 두 단어 모두 일반적으로 형용사로 사용되기 때문에 의미나 용법상으로는 차이가 없다. 'camp'의 어원은 불분명하지만 '과장된 자세를 취하다'의 뜻을 지닌 불어 se camper에서 유래한 것으로 추정되기도 한다.

3부작〉은 1천2백22회 공연되었고, 토니상 최고 연극상을 수상했다. 피어스타인은 1983년 뉴욕 궁전극장(Palace Theater)에서 공연되어 성공을 거둔 뮤지컬 〈광녀의 우리La Cage Aux Folles〉의 대본을 쓰기도 했는데, 이 작품은 여성 행세를 하는 남성과 게이 파트너와 그의 아들, 그리고 그 아들이 장가를 가고자 하는 이성애 가족에 대한 같은 제목의 프랑스 영화를 각색한 희극이다. 〈광녀의 우리〉는 슬랩스틱 유머로 가득하지만 용인과 자긍심을 설파하는 작품으로, 이러한 주제는 1천7백61회에 걸쳐 브로드웨이에서 장기 공연을 하며 신성시되었다.

오프브로드웨이의 레즈비언: 제인 체임버스

이러한 예들이 보여주듯, 백인 게이 남성 작가들은 주류 공연장에서 점차 그들의 작품이 성공을 거두는 것을 목격했다. 그러나 이에 비견할 만한 레즈비언이나 비백인 LGBTQ들 삶의 이야기를 다룬 상업적 연극은 아직 존재하지 않았다. 커밍아웃한 레즈비언 극작가 제인 체임버스의 〈블루피시 만에서 보낸 지난여름〉은 1980년에 이르러서야 그리니치빌리지에 있는 웨스트베스 극장(Westbeth Theatre)에서 공연되었는데, 이 극장은 웨스트사이드 부두 근처에 있는, 예술가들을 위해 시의 지원금으로 운영되는 주거용 건물 내부에 위치한 작은 극장이었다. 곧 배우극장으로 자리를 옮긴 이 작품은 동성애 관객들을 위한 동성애 연극을 후원하는 글라인즈(The Glines)라는 단체에 의해 제작되었다.

〈밴드의 소년들〉과 마찬가지로, 〈블루피시 만에서 보낸 지난여름〉은 소외된 하위문화의 이야기를 전달하기 위해 등장인물들을 관습적인 형식에 삽입하는 사실주의 극 공식에 의존했다. 마트 크롤리가 그의 소년 인물들을 상대적으로 부유한 맨해튼 북서부(Upper West Side)에 두었다면, 체임버스는 뉴욕 롱아일랜드에서 벗어난 파이어섬의 게이와 레즈비언들의 여름 휴양지인 체리그로브를 연상케 하는 해변 휴양지 커뮤니티를 레즈비언 인물들의 공간적 배경으로 설정했다.

〈블루피시 만에서 보낸 지난여름〉에서 레즈비언 여성들은 휴식을 취하며 그들의 오랜 관계를 기념하고 또 그들의 섹슈얼리티를 숨길 필요 없는 곳에서 자유를 만끽하고자, 휴가를 떠난다. 이 여성들 대부분은 서로와 잠자리를 함께한 적이

있을 정도로 친밀한 관계다. 체임버스는 가볍게 서로 말다툼하는 이 레즈비언 커플들을, '전형적'이고 관객에게 친숙한 이성애 커플처럼 재현한다. 이들 중 한 명을 제외한 모든 여성에게는 파트너가 있다. 릴은 그해 여름 모인 친구들 중 다수와 관계를 가졌던, 여성 편력이 심한 커뮤니티의 연장자 중 한 사람으로, 현재는 홀로 암 투병 중이다. 비록 체임버스의 극이 부치(butch)부터 펨(femme)*까지 전형적인 인물상을 제시하지만, 등장인물들 사이의 애정과 지속적인 우정을 통해 무대 위에서 보기 드물던 긍정적이고 다면적인 레즈비언 공동체를 재현했다.

체임버스가 이 여성들의 관계를 소개한 후, 이곳이 주로 레즈비언들이 애용하는 휴양지라는 사실을 모르는 에바라는 이성애자 여성이 여름 동안 바로 옆 작은 집을 예약하면서 극의 플롯이 전개된다. 에바는 체임버스가 관객에게 레즈비언들에 대해 가르쳐주는 극적 장치가 되는데, 에바를 통해 등장인물의 눈과 함께 관객의 눈 또한 열리게 된다. 처음에 에바는 친구로 삼은 여성들 사이에 남성이 부재한다는 사

---

* '부치'는 남성적인 레즈비언을 가리키는 단어로, 레즈비언 관계에서 여성의 역할을 하는 '펨'과 대조를 이룬다.

실에 어리둥절해하며 악의 없는 천진난만한 발언을 하는데, 이것은 이성애자 관객들에게 진입점을 제공함과 동시에 극에 희극성을 부여한다. 그럼에도 릴은 에바에게 매력을 느끼는데, 이성애자에게 느끼는 릴의 끌림은 (결국 에바도 릴에게 같은 감정을 느끼지만) 릴이 암의 재발로 고통받는 동안 에바가 레즈비언 여성들과 깊은 유대 관계를 맺도록 만든다. 1980년대 레즈비언 연극의 일반적인 공식은 한 이성애자 여성이 자신의 레즈비언 욕망을 발견하고 극의 결말에서 커밍아웃을 하는 것이었다. 그러나 마찬가지로 전형적인 반전을 통해, 〈블루피시 만에서 보낸 지난여름〉에서 릴은 표면적으로는 암 때문이지만 상징적으로는 규범적이고 관습화한 관계로 이루어진 극의 세계관을 위협하는 자유분방하고 남성적이며 수고양이 같은 행동으로 인해 죽음을 맞이한다. 에바에 대한 릴의 큰 사랑은 너무 늦은 것이었지만, 죽음으로써 새로운 레즈비언 파트너가 홀로 자기실현을 성취할 수 있도록 해준다. 체임버스는 1983년에 암으로 사망하며 〈블루피시 만에서 보낸 지난여름〉의 성공을 다시 보지 못한 채 커리어를 갑작스레 끝맺게 되었으나, 〈마지막 쇼The Last Show〉(뉴욕 극작가의 지평선 극장Playwrights Horizons, 1974), 〈나의 푸른 천국My Blue Heaven〉(뉴욕 글라인즈 극장, 1982), 〈본질적인 이미지 Quintessential Image〉(1982년 미네아폴리스 여성과 연극프로그램 학회 Women and Theatre Program Conference에서 공연)와 같은 주목할 만한 다른 여러 극들을 집필했다.

초기 LGBTQ 공연장

많은 게이와 레즈비언 연극과 공연 이론가들은 이성애를 미국 중산층 가정 삶의 적절한 기준으로 제시하고 백인성 (whiteness)을 극의 기본적인 관점으로 장려하는, 고집스러울 만큼 규범적인 가치관에 틀어박힌 사실주의 이데올로기의 위험성을 보았다.(돌린, 『현존과 욕망Presence and Desire』(1993), 『배움의 지형도Geographies of Learning』(2001) 참조) 극작가와 연출가들이 레즈비언과 게이 연극을 전통적인 미국 주요 작품 목록에 편입시키려 했을 때, 상업적 공연장에서 그 작품들을 공연하고 동등한 지위를 부여하고자 하는 그들의 시도는 높은 제작 비용 때문에 막혔다.

몇몇 레즈비언과 게이 연극 예술가들은 뉴욕의 카페 치노

(Caffe Cino)와 같은 하위문화적 공간들을 운영하며 그들의 예술적 비전을 실현하기 위한 대안적 공연장들을 마련했다. 카페 치노는 종종 1960년대 초 오프-오프브로드웨이가 시작된 커피숍으로 일컬어지는데, 그곳은 게이 남성들에 대한 연극을 정기적으로 공연한 첫 장소 중 하나였다. 카페의 주인 조 치노(Joe Cino)는 배우 세 명을 함께 세우기 어려울 만큼 작은 무대에 친구와 지인들을 몰아넣은, 유별난 공연 기획자였다. 코닐리아 가에 위치한 카페는 보헤미안들이 자주 방문하는 곳으로, 예술가, 지성인, 그리고 진보적 정치관을 가진 사람들이 주를 이룬 그리니치빌리지 커피숍 문화의 일부였다. 치노는 자신의 카페 지하에 위치한 무대에 올린 공연들을 매우 소중하게 여겨, 그 공연장은 그에게 성스럽기까지 한 '마법'의 공간이 되었다. 역사가 웬들 스톤(Wendell Stone)은 그의 저서『카페 치노: 오프-오프브로드웨이의 탄생 장소*Caffe Cino: The Birthplace of Off-Off-Broadway*』(2005)에서, 치노는 아무도 공연을 보러 오지 않더라도 '그 공간 자체가 자신만의 욕구와 힘을 지니고 있다'고 느꼈기에 배우들에게 예정대로 공연을 진행해달라고 고집하곤 했다고 기록한다(『카페 치노』 26쪽). 후에 명성을 얻은 게이 남성 극작가들 중 다수가

카페 치노에서 커리어를 시작했는데, 이들 중 랜퍼드 윌슨 (Lanford Wilson)의 초기작 〈브라이트 여사의 광기The Madness of Lady Bright〉(1964)는 비극적이고 외로운 삶을 사는 드래그 퀸에 대한 극으로, 카페 치노의 초기 히트작이 되었다. 뮤지컬 〈바다의 여인들Dames at Sea〉(1964) 또한 카페 치노에서 초연을 했는데, 당시 열여덟 살이던 버너뎃 피터스(Bernadette Peters)가 주연을 맡았다. 〈바다의 여인들〉은 버즈비 버클리• 스타일 뮤지컬을 캠프 스타일의 가사와 안무를 통해 패러디한 작품으로, 카페 치노에서 상업적으로 가장 성공을 거둔 작품이다. 통상적으로 카페 치노는 같은 관심사를 공유하는 이들에게 인기가 있는 곳이었다. 카페 공연 포스터 제작을 위해 치노가 고용한 예술가는 의도적으로 이미지를 이해하기 어렵게 만들었는데, 그것은 무엇을 어떻게 봐야 하는지 아는 이들만 그 내용을 파악할 수 있도록 하기 위한 전략이었다. 사실 1960년대 초반의 보수적인 정치적 분위기는 그러한 조심스러운 접근법을 요구했다.

런던의 첫 LGBTQ 극장인 드릴 홀은 군 소총수 부대를

• 버즈비 버클리(Busby Berkeley, 1895-1976)는 캘리포니아 출신의 미국 영화감독이자 안무가로 다수의 무희가 등장하는 화려한 춤 장면 연출로 잘 알려져 있다.

위해 1882년에 세워진 곳으로, 1900년대 초에는 세르게이 디아길레프(Sergei Diaghilev)가 바슬라프 니진스키(Vaslav Nijinsky)와 함께 선보인 러시아 발레의 리허설 장소로 사용되었다. 1980년대 이후 드릴 홀은 '게이, 레즈비언, 퀴어 미학이 주도하고 조명하는' 작품들을 공연하며 명성을 얻었다(www.drillhall.co.uk/p45.html). 드릴 홀은 1990년대 28조 개정에 대항하여 예술 로비(Arts Lobby) 단체를 조직했고, 지금은 LGBTQ 젊은 세대에게 다가가는 작업에 집중하고 있다. 드릴 홀은 어떤 부분에서는 카페 치노의 유산을 영국식으로 변용하며, 솔로 공연가들뿐 아니라 수많은 게이와 레즈비언 예술가들의 연극과 공연을 탄생시켰다. 캐나다 토론토의 어려운 시절 친구들 극장(Buddies in Bad Times Theatre)은 요크대학교 졸업생 세 사람이 1987년에 세웠다. 맷 워크(Matt Walk)와 제리 치코리티(Jerry Ciccoritti)가 얼마 지나지 않아 극단을 떠나자, 스카이 길버트(Sky Gilbert)는 극장을 전문 게이 극장으로 바꾸었다. 이 극장은 여전히 북미에서 게이 연극을 무대에 올리는 가장 유명한 극장으로 남아 있다. 1980년에 세워진 뉴욕 이스트빌리지의 와우 카페는 사실주의 원칙, 프로시니엄 무대, 그리고 상업 연극을 거부한 레즈비언 공연자들 세대의 중요한 시험 무대가 되었다. 와우 카페의 핵심 조직 위원회는 초기부터, 재정과 창작에 있어 관객과 카페 예술가들을 제외한 다른 외부인들의 눈치를 보지 않기 위해 지원금을 신청하지 않기로 결정했다. 이들은 와우 카페에서 특별한 재원 없이 '가난한 연극' 스타일로 공연을 올렸는데, 이것은 그들의 공연에 강렬한 직접성을 부여했다. 카페는 넓은 범위의 관객들이 공연을 관람하도록 하기 위해, 의도적으로 티켓 가격을 낮게 책정했다. 처음에 이스트 11번가의 길고 좁은 상점 앞쪽에 자리 잡았던 와우 카페는 곧 바워리 지역 이스트 4번가에 있는, 엘리베이터가 설치되지 않은 오래된 공장으로 이사를 했다. 이 극장은 2000년대 초반, 시로부터 1달러에 건물을 매입한 뒤 12만5천 달러를 모아 뉴욕주의 보건과 안전 요건을 충족시키기 위한 보수 공사를 했고, 그 이후 여전히 먼지 쌓인 그곳에 자리 잡고 있다(케이트 데이비 Kate Davy의 곧 출판될 『숙녀 얼간이와 레즈비언 형제들 *Lady Dicks and Lesbian Brothers*』 참조). 설립된 지 거의 30년이 지난 지금, 와우 카페는 여전히 초창기의 저예산 미학과 운영 원칙을 유지하고 있다.

와우 카페와 홀리 휴즈

시각 예술가가 되고자 1980년대 초 미시건주에서 뉴욕으로 온 공연 예술가이자 극작가인 홀리 휴즈는 와우 카페에서 진정한 자신을 발견했다. 페미니스트 예술 세계에서 찾았던 제한적인 정치적 올바름에 환멸을 느낀 휴즈는 와우 카페의 무정부주의와 특정한 정치적 노선을 따르기를 거부하는 자유로움에 매료되었다. 래드클리프 홀(Radclyffe Hall)의 대표적인 레즈비언 소설 『외로움의 우물The Well of Loneliness』(1928)의 제목을 패러디한, 휴즈의 〈흥분의 우물The Well of Horniness〉(1983)은 지금은 와우 카페에서 센세이션을 일으킨 언더그라운드의 고전으로 인정받는다. 원래 라디오극으로 썼으나 알리나 트로야노(Alina Troyano), 페기 쇼, 샤론 제인 스미스(Sharon Jane Smith), 휴즈 등 와우 카페의 핵심 멤버로 이름을 떨친 예술가들에 의해 라이브로 공연된 이 극은 라디오극, 탐정 소설, 연속극, 통속극, 초기 TV쇼, 버라이어티의 관습들을 차용하는 레즈비언 하위문화의 유희적 패러디이다. 와우 카페의 관객 대부분은 배우들을 이미 알고 있기 때문에, 자신의 지인들이 무대 위에서 평소 모습에 부합하거나 혹은 그에 반하는 연기를 하는 모습을 보고 웃을 수 있었다. 일례로, 휴즈의 〈숙녀 얼간이The Lady Dick〉(1984) 공연에서 얌전하고 여성적인 이미지의 트로야노가 터프한 남성 경사 역할을 맡았고, 휴즈는 약간 정신이 나간 듯한 관습적인 여성성을 지닌 팜므 파탈을 연기했다.

휴즈는 또한 우아하면서 부조리적인 레즈비언 2인극 〈맞춤 정장Dress Suits to Hire〉(1987)을 집필했는데, 이 극은 페기 쇼와 로이스 위버가 공연했다. 극은 두 자매가 장 주네의 〈하녀들The Maids〉과 샘 셰퍼드(Sam Shepard)의 〈진짜 서부True West〉를 결합한 역할 놀이를 하며 저녁을 보내는, 맨해튼의 남동쪽(Lower East Side) 2번 대로에 있는 중고 가게를 배경으로 한다. 휴즈는 미국 개척 정신의 신화와 레즈비언 감정과 욕망을 담은 시적인 산문을 통해, 쇼와 위버가 그들의 장점을 발휘하고 레퍼토리를 확장할 수 있는 역할들을 창조했다. 위버는 무대 위에서만이 아니라 무대 아래에서도 삶의 동반자였던 쇼와 공연하면서 늘 악의 없는 여성 역할을 연기했으며, 〈맞춤 정장〉에서는 미시건이라는 인물을 변태적이거나 생식적인(generative) 판타지를 통해 주변인들을 홀리는 가학성애자(dominatrix)로 표현했다. 부치 연기로 알려진 쇼는 리타 헤이워스처럼 몸매가 드러나는 옷을 입고 덜렁거리는 귀걸이를 한 디럭스라는 인물 역을 맡았다. 그들 사이의 매우 에로틱한 대화와 복잡한 성 역할의 상호 작용은 〈맞춤 정장〉을 레즈비언 공연과 글쓰기의 걸작으로 만들었다.

〈맞춤 정장〉 이후, 휴즈는 돌아가신 어머니에 대한 상념을 담은 〈끝없는 세계World Without End〉(1989, 뉴욕의 PS 122에서 공연), 대부분의 신문에 싣기 어려운 제목을 가진 야한 희극 〈음핵 노트Clit Notes〉(1994, PS 122 공연), 그리고 미국예술기금 소송 건으로 헌법 재판소와 엮인 경험에 대한 아이러니하고 냉소적인 회고를 담은 〈변태들에게 설교하기Preaching to the Perverted〉(1999, 샌프란시스코 신연기학교 극장New Conservatory Theatre 공연, 개정본은 2000년 뉴욕 PS 122 공연)와 같은 자서전적인 솔로 공연 작품들을 창작하고 순회공연을 했다. 휴즈는 처음부터 와우 카페에서 엄청난 존재감을 발휘했다. 무대 위에서 휴즈가 다음에 무얼 할지 예상하기는 매우 어려웠다. 배우로서 훈련을 받지 않았던 휴즈는 연극의 관습을 준수하기를 거부했으며, 정기적으로 제4의 벽을 깨고 딱딱거리고 당황스러우며 쉽게 전염되는 웃음으로 관객들과 직접적으로 대면하곤 했다. 그러나 솔로 공연을 시작한 후 휴즈의 독백은 더 유려하고 절제된 특징을 보인다. 〈끝없는 세계〉에서는 큰 팔걸이의자에 앉아 어머니와의 관계에 대한 후회가 담긴 이야기들을 풀어낸다. 〈끝없는 세계〉와 〈음핵 노트〉는 휴즈가 미국예술기금 4인방 사건 당시 의회의 주목을 받은 계기가 된 작품들이다. 약 10년 뒤에 공연한 〈변태들에게 설교하기〉는 정치적 추방자로서 휴즈의 경험과 레즈비언 공연예술가로 전국적으로 비난을 받으며 치른 대가를 다룬 극이다. 통찰력과 관찰력이 돋보이는 이 작품은 소위 말하는 민주주의의 손에서 받은 대우뿐 아니라, 진보적인 동료들조차 이해하지 못했던 미국예술기금 사건에서 유명세로 인해 치러야 했던 대가에 대한 일종의 복수를 가능케 했다. 현재 휴즈는 미시건대학교의 미술학과에서 라이브 공연의 관습을 깨는 방법을 학생들에게 훈련시키고 있다.

스플리트 브리치즈

와우 카페는 다른 레즈비언 솔로 공연가와 극단들을 배출했는데, 그 중 스플리트 브리치즈는 와우 카페를 지탱하는 힘이 되었다. 쇼, 위버, 데브 마골린은 그들의 대표작 〈스플리트 브리치즈Split Britches〉(1982)로 와우 카페에서 활동을 시작했는데, 이 극은 버지니아주 블루릿지산에 은둔하며 거주하는 위버의 여자 친척들에게서 영감을 받은 인상주의적 작품이다. 쇼와 위버는 그들이 1980년과 1981년 조직한 여성들의 한 세계 페스티벌(Women's One World Festival) 가장자리에 그 카페를 세웠다. 그들은 극단 리더 역할을 맡았는데, 위버는 연기, 연출, 창작을 와우 카페 멤버들에게 가르쳤고, 쇼는 와우 카페 무대에서 펼쳐지는 실험적 공연을 위한 아낌없는 예술적·물리적 지원을 제공했다. 와우 카페가 설립된 지 25년이 지나고, 쇼는 극장이 원활히 운영되도록 매일 같이 극장에서 자신의 '땀 자본'을 기부하며 바닥을 쓸고 닦던 일을 회상했다. 쇼는 레즈비언뿐 아니라 당시 여성들은 자신의 공간에 대한 통제권을 갖는 경우가 매우 드물어서, 청결히 유지할 자신의 극장을 소유하고 있다는 데 자부심을 느꼈음을 기억했다(돌런의 2011년 저서 『폐경기 신사*Menopausal Gentleman*』 참조).

스플리트 브리치즈는 멤버 각자의 꿈과 갈망을 소재로 삼아 공동으로 작품을 구상했지만, 이성애자 유대인 멤버인 마골린이 극단의 여러 공연 대본을 썼다. 마골린은 레즈비언스럽지는 않더라도 확실히 '퀴어'라고는 부를 수 있는 방식으로 자신의 독특한 존재감을 공연에 부여했다(하트와 펠런의 「그대보다 더 퀴어스러운Queerer Than Thou」(1995), 돌런의 「데브 마골린 보기Seeing Deb Margolin」(2008) 참조). 극단을 위해 마골린이 쓴 작품들은 인상주의적이고 시적이었는데, 사실주의 가정극의 관습적인 공식을 따르지 않았다. 와우 카페가 선보인 신선하고 진보적인 드라마투르기는 새로운 내용과 관심사를 담을 수 있는 새로운 형식을 만들고자 결단한 레즈비언과 페미니스트 예술가들에게서 나온 것이었다. 스플리트 브리치즈는 〈미녀와 야수〉(1982, 뉴욕 대로 극장 공연), 〈위쪽으로 움직이는 집Upwardly Mobile Home〉(1984, 뉴욕 와우 카페), 〈작은 아씨들의 비극Little Women: The Tragedy〉(1988, 뉴욕 와우 카페), 〈살인하는 레즈비언들Lesbians Who Kill〉(1992, 뉴욕 라마마 클럽)도 공연했다.

각 공연은 대중문화와 고급 예술, 이디시어 연극과 19세기 통속극, 시사, 신화, 그리고 각 멤버들에게 개인적인 의미가 있는 이야기를 허구화한 것에 이르기까지, 여러 소재를 차용했다. 또한 독백과 종종 느슨한 플롯 구조 속에서 비논리적으로 연속되는 대화, 또 직선적 서사보다는 분위기, 사상, 그리고 인물을 떠오르게 하는 심상주의적 언어와 숫자를 혼합했다. 그리고 자신들이 가진 모든 마음, 환희, 그리고 열정으로 공공장소에서 공연하는 여성 세 사람이 세심히 구축한 난장판을 통해, 극단의 헌신적이며 자유분방한 기상을 잘 보여주었다. 스플리트 브리치즈는 LGBTQ 연극의 이미지를 바꾸었다. 사실주의와 그 가정적 주제들을 확고히 거부함으로써, 그들은 혹자가 '레즈비언 캠프'(데이비의 『숙녀 얼간이와 레즈비언 형제들』 참조)라 부르는 행위를 정립하고 지배 문화의 관습적 형식에 대한 패러디를 장려했다.

이후, 쇼, 위버, 마골린은 솔로 공연가로 전향했다. 햄프셔 대학이 스플리트 브리치즈를 초청했을 때 쇼만 홀로 참석이 가능했는데, 이때 쇼는 첫 솔로 공연 〈너는 꼭 내 아빠 같아You're Just Like My Father〉(1993)를 즉흥적으로 선보였다. 이 극은 갈수록 명확해지는 딸의 성적 '변태성'에 대해 경고하던 쇼의 어머니가 그녀에게 아버지의 옷을 입히고 아버지와 닮은 점을 언급함으로써 어떻게 남성성을 자극했는지를 기록한 자서전적 작품이다(돌런,『폐경기 신사』참조). 〈폐경기 신사〉(1997, 뉴욕 오하이오 극장 공연)에서, 쇼는 자신이 35세 남성처럼 보이는 옷을 입은 53세 할머니가 되는 것의 의미를 비탄 섞인 독백으로 서술한다. 1950년대의 로큰롤 음악과 정치적으로 올바른 섹슈얼리티에는 관심 없는, 부치 같은 외모의 레즈비언들을 선보이는 〈폐경기 신사〉에서, 신체적으로 중년에 속하는 쇼는 절정에 달한 수준의 솔로 연기를 보여주었다. 〈분하게도To My Chagrin〉(2001, 샌안토니오 점프스타트 극장)는 쇼와 혼혈 '손(동반)자grand-companion-son' 이안 사이의 관계를 묘사한 자서전적 극으로, 이안에게 적절한 남성 역할 모델을 제시해주려는 결단이 담겨 있다.

수지 윌슨(Suzy Willson)과 공동 창작하고 영국의 클로드앙상블(Clod Ensemble)과 공동으로 제작한 〈의무: 내부자 이야기Must: The Inside Story〉(2008, 웰컴 컬렉션 박물관)는 '도시의 그림자, 살 한 점, 그리고 사랑에 대한 책 한 권을 지나는 여행'이라 불린다(표지에서 인용). 우울하고 매우 심상주의적이며 개인적인 이야기를 다루는 이 극에서, 쇼는 노쇠해가는 자신의 신체와 정신, 그리고 영혼 속을 여행하며 기억들을 되살린다. 이 극은 쇼의 더 요란한 앞선 공연들과는 확연히 다르게 정적으로 가득 차 있고, 자기 인생의 흐름에 대해 무언가를 결심하는 듯 보인다. '개나리가 올해 세 번 폈다. 나는 겨울 숲속에서 익숙하지 않은 노란색 소리와 노란색이 얼어붙을 때의 고요함을 들을 수 있다. 내가 나이를 먹으며 시간의 소리는 변화한다. 나는 맑아지는 머리와 부드러워지는 피부의 편안한 소리를 들을 수 있다'(11장). 쇼는 통상적인 빠른 공연 템포로 자신의 다름과 싸우는 대신, 자연 환경과 결합하는 자기 몸에 귀를 기울인다.

쇼와 위버는 여성의 몸 위에 다시 쓰인 성 역할의 재현으로서, 각자 남성성이나 여성성을 표면적으로 연기하는 레즈비언 자아 표현의 '부치-펨butch-femme' 스타일링을 오랫동안 대표해왔다(케이스, 「부치-펨 미학을 향하여Towards a Butch-Femme Aesthetic」([1988] 2009) 참조). 쇼가 솔로 활동을 통해 학자 주디스 핼버스탬(Judith Halberstam)이 동명의 1998년 저서에서 정의한 '여성적 남성성female masculinity'의 예시를 보여주는 부치 연기로 좀더 깊이 빠져든 반면, 위버의 솔로 공연은 연극적인 펨으로서의 자기 경험을 재현한다. 부치 연기만큼이나 젠더 관습을 뒤흔드는 위버의 과장된 여성성은 여성의 몸에 부합하는 것처럼 보이는 젠더 연기 또한 페미니스트 이론가 메리 앤 도앤(Mary Ann Doane)이 '변장쇼masquerade'라 부른 것에 지나지 않음을 강조한다(「영화와 변장쇼Film and the Masquerade」, 1982). 1983년, 위버는 뉴욕 이스트빌리지에 위치한 상들리에 클럽에서 공연한 레즈비언 버라이어티쇼 〈카멜리타와 나눈 잡담Chit Chat with Carmelita〉에서 컨트리 음악 가수 태미 와이넷(Tammy Wynette)을 모방한 레즈비언 여성 태미 와이낫(Tammy WhyNot)을 연기했는데, 알리나 트로야노가 카멜리타 트로피카나(Carmelita Tropicana)라는 남미 여성 드래그 페르소나 분장을 하고 사회를 보았다. 풍성한 헤어스타일과 남부 비속어 사용, 그리고 돌리 파튼(Dolly Parton) 스타일의 진정성 있는 대사 전달로, 태미라는 캐릭터는 레즈비언 공연계에서 즉각적인 성공을 거두었다. 위버는 첫 솔로 커밍아웃 공연 〈믿음과 춤Faith and Dancing〉(1996)부터 '트레일러 쓰레기 수업'이라 불리는 공연 워크숍 시리즈 〈태미가 알아야 할 것What Tammy Needs to Know〉(2004년 이래)까지, 오랜 커리어 동안 태미라는 캐릭터를 완성시켰다. 위버는 퀸메리 런던대학교의 현대 공연 실습 교수로 부임하여, 공연을 넓은 범주의 인권 문제들을 다루는 도구로 구상하기 시작했다. 2003년부터 진행된 〈긴 테이블Long Tables〉 프로젝트는 여러 공연 기법들을 통해 명확하고 실천적인 사회 운동 요소를 첨가하여, 현재의 정치적 이슈들에 대한 논의를 무대화한다. 위버가 진행하는 〈국내 테러리스트의 일기장Diary of a Domestic Terrorist〉(2006)은 '공공적 저항의 수단으로 사적인 소재의 사용을 장려하는 지금도 진행 중인 강연-공연 프로젝트'이다 (www.splitbritches.com/pages/lois.html).

〈차도둑! 폭주 드라이브!Carthieves! Joyrides!〉(1995, 뉴욕 여기아트센터), 〈온전한 밤과 다른 유대인적 결례O Wholly Night & Other Jewish Solecisms〉(1996, 뉴욕 유대인 박물관), 그리고 〈숙어 색인Index to Idioms〉(2003, 이타카 부엌극장) 등을 공연한 데브 마골린의 솔로 커리어 또한 성공적이었다(돌런, 「데브 마골린 보기」). 이 트리오가 해체된 뒤 마골린은 스플리트 브리치즈 공연의 공통 주제였던 레즈비언 욕망의 탐구에서 벗어나, 마침내 자신의 이성애적 관점을 반영한 작품들을 무대에 올릴 수 있었다. 마골린의 유대인 혈통과 매우 반종교적인 영성, 그리고 근본적이고 진보적인 인본주의는 이성애자들뿐 아니라 LGBTQ 관심사를 반영하는 공연 스타일과 내용에 잘 부합한다. 마골린의 미학은 개인적이지만 항상 정치적이기도 한 욕망을 통해 작품을 구상하는 스플리트 브리치즈의 비전을 담고 있기 때문에, 마골린의 존재감은 상대적으로 아방가르드적 성격을 띠는 공연계에서조차 보기 힘든 유대인의 정치적이고 영적인, 그리고 페미니스트적인 경험에 대한 강렬한 증언으로 가득하다.

레즈비언 오 형제의 주류 극장 진입

스플리트 브리치즈를 필두로 와우 카페는 많은 주목할 만한 극단들과 솔로 공연자들을 양성했는데, 이들은 카페에서 작품을 초연한 후 종종 맨해튼 시내의 다른 장소, 그리고 때로는 상업적인 공연장으로 자리를 옮겼다. 리사 크론(Lisa Kron), 펙 힐리(Peg Healey), 모 앤젤로스(Moe Angelos), 뱁스 데이비(Babs Davy), 도미니크 디벨(Dominique Dibbell)로 구성된 레즈비언 오 형제는, 걷잡을 수 없고 야생적이며 완전히 관습을 거스르는 성적 탐험을 공상적 패러디 스타일의 에피소드식 구성으로 담아낸 〈레스보스섬으로 가는 항해Voyage to

Lesbos〉(1989, 뉴욕 와우 카페)로, 극단 활동을 시작했다. 전통적인 섹슈얼리티와 젠더 관념에 혼란을 주는 모순된 그룹명은 성 규범(decorum)에 대한 그들의 도전을 나타내고, 고집스러울 정도로 협동적인 창작 과정은 작가, 연출가, 배우의 분업을 요구하는 전통적인 연극 제작 방식을 무시한다. 레즈비언 오 형제는 자신들의 작품을 직접 구상하고, 대본을 쓰고, 연출하고, 공연한다. 와우 카페에서 활동을 시작한 지 얼마 지나지 않아, 그들은 같은 이스트 4번가 조금 아래쪽에 위치하지만 차원이 다른 재원과 대중적 가시성을 지닌 오프브로드웨이 극장 뉴욕 연극 워크숍(New York Theatre Workshop)으로 본거지를 옮겼다. 레즈비언 오 형제가 뉴욕 연극 워크숍에서 올린 공연으로는, 레즈비언에 대한 고정 관념을 담은 장르 영화를 패러디한 〈용감한 미소Brave Smiles〉(1992), 레즈비언 살인자가 등장하는 공포 영화들을 우스꽝스럽게 패러디한 작품으로 통나무 공장의 비서들이 생리 기간에 맞추어 지역 남성을 매월 제사의 희생물로 바치는 내용을 다룬 〈비서들The Secretaries〉(1994), 그리고 핵가족과 중산층 미국인들의 꿈을 풍자한 퀴어 우주 여행기 〈달의 신부들Brides of the Moon〉(1997) 등이 있다.

소포클레스의 원작을 편안하게 각색한 〈팜스프링스의 오이디푸스Oedipus at Palm Springs〉(2005, 뉴욕 연극 워크숍)는 캘리포니아 팜스프링스 외곽에 있는 레즈비언 리조트를 배경으로 근친상간과 성욕의 복잡성을 다룬 인상적인 공연이다. 이 극은 레즈비언 오 형제의 폭넓고 사회 풍자적인 스타일을 통해 공연 자체의 사실주의를 희화하는 한편, 진지한 연극으로서 극적인 연민(pathos)을 일으키기 위해 노력한다(돌런, 「예술과 레즈비언 오 형제 안에서 드러나는 퀴어 연관성에 대한 블로그 기록하기Blogging on Queer Connections in the Arts and the Five Lesbian Brothers」, 2006 참조). 〈팜스프링스의 오이디푸스〉는 비평가들에게 호응을 얻었지만, (게이 남성 연극과 대비하여 명백한 레즈비언 정체성을 지닌 다른 작품들처럼) 연장 공연의 대상으로 선택받지는 못했다. 좀더 많은 대중이 작품을 보기 원했던 그들에게는 실망스러운 결과였다. 이후 레즈비언 오 형제의 배우 대부분은 솔로 공연과 지역 극장 활동에 매진하거나 TV와 영화 혹은 다른 분야로 옮겨 갔지만, 현재까지도 극단의 소속 관계는 다소 자유롭게나마 유지되고 있다.

레즈비언 오 형제의 일원인 리사 크론은 미국의 여러 지방 극장을 순회하며 〈치욕적인 이야기 101가지101 Humiliating

Stories〉(1994, 뉴욕 연극 워크숍), 〈탑승 시간 2.5분2.5 Minute Ride〉 (1996, 라호야 극장) 같은 작품을 공연했다. 1999년 조지 C. 울프(Goerge C. Wolfe)가 제작을 맡은 뉴욕 조지프 패프 공립극장(Joseph Papp Public Theater) 공연으로 오비상을 수상한 〈탑승 시간 2.5분〉은 홀로코스트 생존자인 아버지와 아우슈비츠로 여행하는 크론의 슬픈 가족사를 다루는 작품인데, 극 중간에 크론이 자신의 레즈비언 파트너를 오하이오의 큰 놀이공원에서 열리는 가족 모임에 데려오는, 극의 전체적인 분위기에 다소 어울리지 않는 이야기가 삽입되어 있다. 시각적으로 단순하면서 감성적으로 부드러운 이 극은 과거를 기억하는 고통을 달래기 위해 아이러니를 사용하고, 하비 피어스타인이 15년 전 보여준 것보다는 덜한 캠프적 스타일로, 크론의 유대인적 배경을 레즈비언 정체성과 섬세하게 결합한다.

크론은 자신의 히트작 〈건강Well〉을 '다른 사람이 등장하는 일인극'이라 부른다(〈건강〉, 16쪽). 대중 극장에서 2004년에 초연된 〈건강〉은 2006년에 브로드웨이로 진출하여 세 달 동안 공연되었고, 토니상에서 두 개 부문 후보작으로 지명되었다. 〈건강〉은 상업적으로는 성공하지 못했으나, 지난 50년간 브로드웨이에서 공연된 작품들 중 〈커밍아웃한 레즈비언은 말할 것도 없고) 여성 작가가 쓴 매우 소수의 연극 중 하나다. 관객을 몰입시키는, 사색적이며 독창적인 솔로 스타일이 돈보이는 크론의 극은 가족이 사는 미시건주 주도 랜싱을 인종적으로 통합시키기 위해 애쓰던 크론의 어머니를 알레르기 병원에 입원시킨, 정체불명의 질병과 수년에 걸쳐 진행해온 투쟁을 회상한다. 제인 하우디셸(Jayne Houdyshell)이 연기한 리사의 어머니 앤 크론은 극 내내 무대 좌측 아래에 위치한 아늑한 거실 팔걸이 안락의자에 앉아 리사가 재구성한 가족 이야기에 대해 논평한다. 크론은 중요한 순간에 관객에게 직접 말을 걸고, 비백인 배우를 포함한 다른 여러 배우들은 인물에서 벗어나 사건에 대한 의견을 서로 공유하고 궁극적으로 어머니의 편을 들며 극작가 크론의 권위에 도전한다. 크론은 다른 인물들과 관객을 달램과 동시에 자신의 길을 찾으려고 숨 막히는 삶 속에서 빠져나오는 것의 의미를 탐색하는 서사를 제대로 전달하기 위해, 어머니에게서 다른 인물로 이동한다. 리사의 자기 탐구는 미국 중부 마을의 인종 문제를 해결하고자 하는, 앤의 개인적이고 정치적인 노력과 대조를 이룬다. 앤 크론의 온화한 모습과 관객의 가이드이자 절친(confidante)이라 할 수 있는 리사의 부드러운 존재감은 〈건강〉을 자율성과 결핍에 대한 매혹적이고 슬프면서 감동적인 작품으로 만들어준다. 극의 날카로운 연극성은 또한 종래의 미국 연극에서 개인적인 기억과 경험이 주로 남성의 관점에서 재현되어왔음을 강조한다. 크론은 '나는 자서전적 소재를 사용해 작품을 만들지만 궁극적으로 이것은 보편적 경험에 대한 연극적 탐구'라고 작품을 소개한 바 있다(〈건강〉, 17쪽). 두 여성의 경험이 보편성을 재현할 수 있다는 크론의 주장은 통상적으로 무대 중앙을, 실제로든 비유적인 의미에서든, 남성에게 내어주는 브로드웨이의 현실을 감안할 때, 21세기에도 매우 혁명적인 것으로 보인다.

아방가르드부터
상업 연극까지

게이 남성 극단, 공간, 그리고 솔로 공연자들

게이 남성들은 스플리트 브리치즈나 와우 카페와 같이 자신들의 경험을 무대화하는 극단을 조직하는 경우가 적었다. 1991년 샌프란시스코에서 아프리카계 미국인 남성 세 사람 디올라 버나드 브래너(Djola Bernard Branner), 브라이언 프리먼(Brian Freeman), 에릭 겁튼(Eric Gupton)이 결성한 포모 아프로 호모스(Pomo Afro Homos)는 1990년대 초 게이 남성과 아프리카계 미국인의 정체성을 탐구하는 작품들을 순회공연했다. 그들이 〈맹렬한 사랑: 흑인 게이의 삶 이야기Fierce Love:

Stories from Black Gay Life〉(1991, 샌프란시스코 조시의 주스가게Josie's Juice Joint 공연)를 알래스카주 앵커리지의 게이 극장 아웃노스(Out North)에서 공연했을 때, 시내버스 광고를 거절당했고 시장은 앵커리지 시의회에 극장에 대한 지원금 철회를 제안하기까지 했다. 시의회는 만장일치로 이 제안에 반대했으나, 이 논란은 미국에서 LGBTQ 연극과 공연을 둘러싼 문화 전쟁의 초기 양상을 반영한다. 포모 아프로 호모스의 〈검은 열매Dark Fruit〉(1991, 공립극장)는 동성애에 대한 반감과 인종차별이 야기한 사회적 오명을, 지속적으로 바뀌는 문화적 관점으로 재현한 삽화 형식으로 보여준다. 이 극은 비백인 게이 남성으로 사는 삶의 고난 섞인 즐거움을 아이러니, 패러디, 그리고 강한 낙천주의와 함께 묘사한다. 브라이언 프리먼은 일인극을 순회공연 했는데, 〈시민의 성Civil Sex〉(1997, 공립극장)에서는 인권 운동에 참여한, 최초의 아프리카계 미국인이자 초기 게이 인권 운동에 참여한 커밍아웃한 아프리카계 미국인 게이 남성인 베이어드 러스틴(Bayard Rustin)을 연기했다. 1999년에는 같은 작품을 3막극으로 재공연했다(www.audiologo.blogspot.com/2007/07/black-lgbt-theater-passin-it-on.html). 프리먼은 아프리카계 미국인 레즈비언 시인 오드리로드(Audre Lorde)의 책 『아웃사이더 자매Sister Outsider』를 인용하며 다음과 같이 말한 바 있다. "소외된 주변부에서 내부로 진입하는 것이 어떤 의미인지 알아내려 애쓰며, 나는 때때로 내가 '아웃사이더 형제Brother Outsider' 같다고 느낀다. 그리고 그것이 내가 지금 탐구하고자 하는 사람들을 항상 영웅이나 성인으로 추앙하지만은 않는, 안타깝고 어둡고 복잡하고 지저분한 역사의 비밀이다."(www.alpertawards.org/archive/winner99/freeman.html)

1980년대와 90년대의 게이 남성들은 와우 카페 같은 공간을 따로 조성하지는 않았지만, 퀴어 공연 예술가 팀 밀러는 1980년 뉴욕 이스트빌리지에 극장 PS 122를 공동으로 설립했다. 이 극장은 LGBTQ뿐 아니라 여러 종류의 실험적이고 아방가르드적인 공연을 올리는 장소가 되었다('PS'는 원래 뉴욕시의 교육계 언어로 '공립학교public school'를 뜻했는데, 건물을 다시 사용하게 되었을 때 이 머리글자의 의미가 '공연장Performance Space'으로 바뀌었다). 전성기 때의 PS 122는 팀 밀러와 다른 게이 남성 예술가들뿐 아니라 홀리 휴즈, 페기 쇼, 로이스 위버, 데브 마골린, 알리나 트로야노와 로어 이스트사이드 지역 예술가들의 작품을 공연했다. 밀러는 PS 122와 더불어,

1989년에는 산타모니카에 하이웨이 공연전시장(Highways Performance Space and Gallery)을 비평가 린다 프라이 버넘(Linda Frye Burnham)과 공동으로 설립했다. 하이웨이 공연전시장은 백인과 비백인 게이 남성, 레즈비언의 작품을 후원한다.

밀러는 최초의 아웃팅한 게이 일인극 공연자로서, 독백과 움직임을 기반으로 한 정치적이고 자전적인 작품을 통해, 게이의 시민 권리와 성적 자유라는 주제를 다룬다. 그는 미국 예술기금 4인방 중 한 사람으로 명성을 얻었는데, 미 사법부와의 갈등은 그의 자기 반영적이고 반체제적인 커뮤니티 기반 작품의 사료가 되었다. 밀러는 또한 자기 공연의 특징인 알몸 노출로도 잘 알려져 있다. 에이즈 대유행이 절정에 달한 1994년 산타모니카 하이웨이 공연전시장에서 공연한 〈나의 퀴어 신체My Queer Body〉에서, 밀러는 옷을 벗은 후 관객과 상호 작용을 하기 위해 객석으로 이동했다. 그는 관객의 무릎 위에 앉아, 다른 사람의 신체에 스스로 아주 가깝게 다가간 벌거벗은 게이 남성이 되는 것의 의미를 공개적으로, 또 애정 어린 말투로 낯선 관객들에게 이야기했다. 관객들은 처음에는 당황했으나, 곧 안정을 찾고 에이즈 환자들의 신체를 비하하는 지배 문화의 고정 관념에 의도적으로 도전장을 내민 밀러의 전라 연기에 박수를 보냈다. 밀러의 공연은 퀴어 커뮤니티가 병으로 목숨을 잃은 이들에 대한 상실감으로 피폐해져 있던 시기에 공개적으로 게이 남성의 섹슈얼리티에 대한 자긍심을 표현했다는 데 의의가 있다. 밀러는 〈나의 퀴어 신체〉의 다른 중요한 장면에서, 성을 죽음과 결부시키는 대신 삶에 필수적인 섹슈얼리티에 대한 찬미로 그의 성기에 발기해달라고 간청하며 직접적으로 말을 건네기도 했다.

리 에덜먼(Lee Edelman)은 『존재하지 않는 미래No Future』(2004)에서 퀴어를 결혼과 육아라는 이성애적 관습에 의해 구축된 미래가 존재하지 않는 확고한 현재주의자로 보는 것이 정치적으로 생산적이라는 주장을 전개한 바 있다. 밀러의 일인극들은 에덜먼의 주장을 반박하듯 항상 섹슈얼리티와 삶, 그리고 미래와의 관계를 다루었다. 20세기 후반과 21세기 초 입양이나 출산 기술의 도움을 받아 아이를 가진 다수의 게이 남성과 레즈비언 들과는 달리 밀러는 자녀가 없지만, 1986년 뉴욕에서 공연한 〈친구 시스템Buddy System〉을 시작으로 초기 작품에서부터 퀴어 미래의 가능성을 명확히 표현해왔다. 『세계 책의 종말The End of the World Book』의 저자인 호주 소설가 앨리스터 매카트니(Alistair McCartney)와 오랜 파트너 관계를 이어온 밀러는 1999년 이래로 다국적 LGBTQ 커플들에 대한 동등한 결혼 권리와 이민자들의 권리에 초점을 맞추었다. 밀러가 가장 최근에 공연한 〈영광의 박스Glory Box〉(1999, 아이오와주 시더래피즈 리전 아트), 〈우리Us〉(2003, 애틀랜타 7스테이지 극장), 〈침대 1001개1001 Beds〉(2006, 샌프란시스코 새예술학교 극장)는 퀴어 커플 중 한 사람이 시민권을 얻지 못해 미국에 정착하지 못하는 문제를 다루어 그에 대한 정치적 운동에 대한 영감을 주고자 하는 작품들이다. 그는 작품에 따라 혼수함이나 뮤지컬 같은 비유적 단어를 사용한다. 그리고 개인적 기억과 환상을 홍수처럼 넘쳐흐르는 대사와 쏟아지는 이미지들을 통해 구현하여, 구체적인 내용들을 아낌없이 관객과 공유한다.

밀러는 다수의 작품에서 에이즈 대유행을 언급하는데, 이 사회적 위기는 게이, 레즈비언, 퀴어 연극이 지속적으로 다루는 주제이기도 하다. 윌리엄 호프먼(William Hoffman)은 첫 '에이즈 연극' 중 하나인 〈그대로As Is〉(1985, 뉴욕 리시엄 극장)를 집필했는데, 이 극은 에이즈 바이러스 양성 반응이 나온 연인을 있는 그대로 받아들이는 한 게이 남성에 대한 블랙 코미디이다. 래리 크레이머(Larry Kramer)의 사실주의 연극

〈정상적인 마음The Normal Heart〉(1985, 뉴욕 공립극장)은 동성애자와 이성애자 관객이 네드 윅스(Ned Weeks)라는 게이 남성 환자와 공감하고 에이즈 연구와 바이러스 중재에 대한 공적 자금의 투자 부족에 분노를 표하도록 호소한다. 에이즈를 완화시키고 많은 환자들의 경우 만성적 질환 정도의 수준으로 관리할 수 있도록 만드는 혼합 제제가 개발된 후인 2004년 이 작품이 공립극장에서 재공연되었을 때, 양성애자로 알려진 배우 라울 에스파르자(Raúl Esparza)가 윅스 역을 맡았다. 에이즈 대유행이 시작되었을 당시 정부의 무관심에 대한 분노를 여전히 작품 전반에서 느낄 수 있는데, 이로 인해 이 극은 사회 운동을 위한 정치 연극으로서의 잠재력을 잃지 않고 있다.

공연과 LGBTQ 개인 서사

솔로 공연은 게이 남성과 레즈비언 들에게 여전히 어필하고 있는데, 이는 21세기 초반에 상업 연극이 수용한 퀴어 경험을 다룬 작품들이 매우 적을 뿐만 아니라, LGBTQ 삶의 여러 다양성에 대한 완숙하고 다면적인 탐구보다는 이차원적인 묘사나 관습적인 동화주의적 인물을 재현하는 경향을 보이기 때문이다. 자서전적인 솔로 공연의 독백 구조는 부담스러운 사회적 진실을 다룰 수 있는 여지를 제공하고, LGBTQ 사람들 간의 차이점뿐 아니라 유사점 또한 탐구할 수 있도록 해준다. 솔로 공연의 형식은 공연자로 하여금 자신의 개인적인 경험을 증언하고, 관객으로 하여금 배우의 삶을 공적인 맥락에서 목격하도록 요구한다. 기쁘게도, 솔로 공연은 비싼 무대나 조명, 의상, 소품 그리고 (너무나도 당연히) 다른 배우를 필요로 하지 않는다.

비백인 퀴어 예술가들 또한 솔로 공연 형식과 잘 맞는 경향을 보이는데, 아마도 공연 수단과 관객 구성을 좀더 쉽게 조정할 수 있기 때문일 것이다. 와우 카페의 초기 멤버인 알리나 트로야노는 자신이 창작한 솔로 공연들을 보통 맨해튼 남부에 위치한 극장들에서 선보인 후, 대학과 미국 전역의 공연장을 순회한다. 트로야노의 분신이자 대표 캐릭터인 카멜리타 트로피캐나는 종종 공연 축제나 커뮤니티 정치 행사의 재치 있고 온화한 사회자 역할을 하며, 많은 게이, 레즈비언, 혹은 퀴어 행사의 분위기를 띄운다. 트로야노의 솔로 공연 〈망각의 우유Milk of Amnesia〉(1994, 뉴욕 PS 122)는 미국으로 이민 오기 전 쿠바에서 보낸 어린 시절에 대한 필연적인 망각과 기억(혹은 영어 단어 're-member'의 문자적 의미 그대로 '재구성')을 상세히 다룬다. 트로야노는 자신과 문화의 남성적이고 여성적인 측면뿐 아니라 이민 생활을 통해 생겨난 두 문화에 대한 애정을 재현하기 위해, 성전환 연기를 사용한다. 협업을 통해 완성된 상대적으로 덜 진지한 희극 〈남미 출신 아가씨 2000Chicas 2000〉(2000, 뉴욕 PS 122)에서 트로야노는 와우 카페에서 보여주었던 초창기 패러디 작업의 전통을 따라 여러 대중문화 형식들을 차용했다. 트로야노는 1999년 오비상에서 공연의 지속적인 탁월성(Sustained Excellence in Performance) 부문 수상자로 선정되었다.

푸에르토리코의 레즈비언 솔로 공연 예술가 마르가 고메즈(Marga Gomez)는 미국 전역을 순회한 〈동네를 두른 선A Line around the Block〉(1996, 뉴욕 공립극장)에서 가족 구성원들과 여러 다른 문화권 인물들을 연기한다. 또한 〈롱아일랜드 아이스 라틴계 여성Long Island Iced Latina〉, 〈거물Los Big Names〉, 〈기억의 속임수Memory Tricks〉, 〈마르가 고메즈는 예쁘다Marga Gomez Is Pretty〉, 〈재치와 명랑Witty & Gay〉과 같은 일인극들을 공연했다. 알리나 트로야노와 공동으로 창작한 〈젖은 독신녀Single Wet Female〉(2002, 뉴욕 퀴어아트페스티벌)는 1992년 영화 〈위험한 독신녀Single White Female〉를 각색한 것인데, 이 영화에서 제니퍼 제이슨 리(Jennifer Jason Leigh)는 새로 만난 룸메이트에게 집착하여 그녀의 신분을 훔치고 남자 친구를 살해한 후, 룸메이트마저 살해하려고 드는 백인 여성으로 출연한다. 고메즈와 트로야노라는 퀴어 라틴계 여성 두 사람을 통해 두 인물의 관계는 노골적인 동성애이자 완전히 얼빠진 것으로 재현된다. 그들의 풍자는 두 공연 예술가의 레퍼토리로 잘 알려진 뒤섞인 정체성, 놀라움이 담긴 기이한 이야기, 그리고 몽상적인 플롯을 통해 펼쳐진다. 포스트모던 스타일의 이 극에서 중간 중간 등장하는 농담들(동작 개그와 종종 전형적이라고 여겨지는 백인의 모습을 연기하여 지배 문화의 전제를 뒤집는 시각적 코미디)은 극의 서사 구조보다 훨씬 더 중요성을 지닌다.

멕시코계 미국인 퀴어 극작가이자 공연 예술가인 루이스 알파로(Luis Alfaro)는 통상적으로 시적인 솔로 공연에서 다른 인물들을 연기하는 대신, 로스앤젤레스의 멕시코계 미국인 문화에서 동성애자로 자란 감정적 경험을 묘사한다. 알파로는 〈정치화한 몸Cuerpo Politizado〉(1996, 멕시코시티 X-테레사)

에서 그의 신체를 직접적이고 비유적인 방식으로 사용한다. 그의 독백극 〈무무가 다가온다A Mu-Mu Approaches〉에서, 그는 테이프에 녹음한 독백이 미국 문화에 동화되기 위해 타협해야 할 것들을 묘사하는 동안, 초콜릿을 입힌 작고 흰 케이크와 같은 정크 푸드를 입에 하나씩 쑤셔 넣는다. 〈총각 파티 Bachelor Party〉라는 독백극에서는 데킬라를 빠르게 여러 잔 들이마시며 이야기를 전달하는데, 유리잔이 마이크 옆 작은 테이블에 부딪혀 내는 맑은 소리를 이용하여 이야기 속 아이러니의 구두점을 찍는다. 존 D.와 캐서린 T. 맥아더재단(John D. and Catherine T. MacArthur Foundation)의 '천재상'을 수상한 알 파로는 1990년대 중반부터 2005년까지 다이앤 로드리게즈 (Diane Rodriguez)와 공동으로, 마크 테이퍼 포럼(Mark Taper Forum)의 라틴계 연극 그룹(Latino Theatre Initiative)을 총괄했다.

퀴어 젠더 공연

트랜스젠더 공연가 케이트 본스타인(Kate Bornstein)은 미국

LGBTQ 문화 내에서 20세기 후반과 21세기 초반에 '젠더 퀴어' 운동이 일어나리라고 예언했다. 본스타인의 공연 〈숨겨진 것 : 젠더Hidden: A Gender〉(1989, 샌프란시스코 코뿔소 극장)는 1980년대 후반 남성에서 여성으로 성전환을 하고 '트랜스'로 커밍아웃한 자기 경험을 서술한다. 그 이후로 '트랜스'라는 단어는 성전환 수술 여부와 상관없이 자신을 성전환자로 소개하는 사람들을 위한 공식적인 약칭이 되었다. 본스타인이 1980년 후반 커밍아웃했을 때, 트랜스들의 존재가 게이와 레즈비언들에게 야기할 수 있는 정치적으로 복잡한 문제들로 인해 그들은 여전히 의심의 눈초리를 받았다. 그 예로, 1970년대 후반 여성들만을 위한 대안 문화적 행사로 시작되어 큰 호응을 얻은 미시건 여성음악페스티벌(Michigan Womyn's Music Festival)•은 일주일 동안 참가자들 수천 명이 함께 야영을 하며 음악가들의 노래를 듣고 예술가들의 공연을 관람하는 야외 행사였는데, 이 페스티벌은 여성으로 태어나지 않은 이들의 참가를 금지하는 정책을 고수했다. 페스티벌의 이러한 차별 정책은 시간이 지나며 대중적 지지를 잃게

• 'womyn'은 '-men'이라는 철자를 피하기 위해 페미니스트들이 사용하는 'women'의 대안적 철자 표기이다.

된다. 많은 레즈비언들은 비록 여성으로 태어났지만 자신을 남성으로 여기거나 남성적인 사회 코드로 자신의 성 정체성을 연기하는 트랜스 남성들, 그리고 자신의 성 정체성을 지배 문화의 안정적이고 이분법적이며 본질주의적인 정의에 따라 결정짓기보다는 유동적이고 가변적인 상태로 유지하고 싶어 하는 젠더 퀴어들과 공동의 명분을 발견했다.

사실, 많은 트랜스젠더들은 그들이 새로운 성적 정체성을 무대 위에서 연기하는 것을 보고 싶어 하는 관객들을 찾는다. 모 마이어(Moe Meyer)는 성전환 수술을 받은 많은 이들이 공연을 통해 그들의 새로운 자아를 확인한다고 언급하기도 했다(「나는 지니를 꿈꾼다 Dream of Jeannie」, 1991). 이러한 공연을 통한 자아 긍정은 그들의 젠더 수행성을 인정하고 응원해줄 관객을 필요로 하는 트랜스 공연가들이 미국과 영국의 커뮤니티에서 점점 더 인기를 얻으면서 계속되고 있다. 남성을 연기하는 트랜스 남성 '드래그 킹Drag King'은 그들의 연극성을 명확히 보여주는 방식으로 자신을 남성처럼 꾸민다. 1999년 오하이오주 콜럼버스에서 시작된 국제 드래그 킹 박람회(IDKE)와 같은 행사들은 드래그 킹의 공연 스타일을 다듬고 공연 전략을 공유할 수 있는 공연 축제와 대화의 장으로 학자와 예술가 들을 한데 불러 모은다.

　드래그 킹은 앞선 세대 드래그 퀸(여성처럼 연기하는 남성)의 발자취를 따르는 것처럼 보이지만, 그들보다 더 자기 반영적인 성향을 보인다(에스터 뉴턴Esther Newton의 『엄마 캠프*Mother Camp*』, 1979 참조). 그들이 재현하는 젠더에 대한 환상은 사회적으로 힘이 약한 '여성'의 위치에서 더 인정받고 힘을 가진 특권층인 '남성'의 방향으로 진행되기 때문에, 공연자들은 그들의 공연을 정치적 사회 운동으로 소개하고 그것의 정치적 함의를 이끌어내는 것을 즐긴다(김지혜Ji Hye Kim, 「성별, 계층, 인종, 민족성, 섹슈얼리티를 가로질러 여성적 남성성 공연하기 Performing Female Masculinities at the Intersections of Gender, Class, Race, Ethnicity, and Sexuality」, 2007 참조). 드래그 킹들은 주로 술집, 클럽, 그리고 다른 형태의 사교적인 공간에 임시로 만든 무대 위에서 공연하지만, 본스타인을 포함한 다른 트랜스 공연자들은 전통적인 형태의 극장에서 공연할 정형화한 극들을 쓰기도 했다.

　자전적 솔로 공연은 공연 제작에 상대적으로 적은 비용이 들고 순회공연이 용이하기 때문에, 퀴어 예술가들에게 미학적이고 정치적인 이유에서뿐 아니라 재정적으로도 매력적인 장르이다. 반면 한 세대의 LGBTQ 예술가들이 자신들만이 공연할 수 있는 작품들을 창조했다는 단점도 존재한다. 그들은 퀴어 공연 아카이브 구축에 중요하고 인상적인 공헌을 했지만, 다른 공연자들이 다른 공연장에서 올릴 수 있는 작품은 거의 존재하지 않기에 유통 기한이 짧을 수밖에 없다. 물론 좀더 전통적인 방식으로 연기할 수 있는 인물들이 등장하는 휴즈의 〈흥분의 우물〉과 레즈비언 오 형제의 몇몇 작품은 다른 장소에서 다른 배우들이 공연한 사례가 있기는 하다. 그러나 많은 자전적 솔로 공연이 그것을 창조한 예술가와 불가분의 관계를 맺고 있기 때문에, 의미를 갖기 위해서는 그들의 물리적 존재에 의존할 수밖에 없다. 그럼에도 자전적 솔로 공연들은 LGBTQ 경험과 통찰력의 유서 깊은 아카이브로서 형식과 서사적 혁신의 인상적인 기록을 담고 있다.

상업 극장에서 LGBTQ 연극

솔로 공연이 레즈비언과 게이 드라마의 주요한 장르인 반면, 자신들의 작품이 더 전통적인 형식으로 텍스트라는 매개체를 통해 공연되고, 인정받고, 순회공연되는 것을 보고자 분투하는 LGBTQ 연극인들 또한 존재한다. 이러한 레즈비언과 게이 작가, 연출가, 배우 들의 일부는 다소 본질적인 의미의 '게이 혹은 레즈비언 연극'에 여전히 전념하고 있지만, 상업적으로 성공을 거둬 명성을 얻은 다수의 예술가들에게 그들의 게이 정체성이 커리어를 제한하거나 혹은 커리어를 만드는 데 필수적인 요소로 작용하지는 않았다. 미국의 주류 연극계에 진출한 최초의 아웃팅한 게이 백인 남성 중 하나인 극작가 테런스 맥널리(Terrence McNally)는 게이 남성들에 대한 극을 쓰지만, 성 정체성과 상관없는 연극과 오페라 대본 또한 집필한다. 그 대표적인 예로, 그는 스트립쇼로 돈을 벌겠다고 결심한 실직자 노동 계층 남성들에 대한 영국 영화 〈풀 몬티The Full Monty〉(1997)를 각색한, 브로드웨이 뮤지컬 (2000, 샌디에고 올드 글로브 극장 공연)의 대본을 썼다. 맥널리는 평범한 가정에서 커밍아웃, 병, 그리고 죽음의 트라우마를 겪는 게이 남성들에 대한 사실주의 극으로 성공을 거두었다.

1994년 뉴욕 맨해튼 시어터클럽에서 공연한 맥널리의 〈사랑! 용기! 연민!Love! Valour! Compassion!〉은 여러 게이 남성

커플들이 매년 재능 있는 무용가 친구 그레고리의 시골집에서 보내는 휴가를 소재로 한 작품이다. 체임버스의 〈블루피시 만에서 보낸 지난여름〉과 매우 유사하게, 이 극 또한 친구들의 관계를 통해 그들의 여름 공동체를 형성한다. 극은 에이즈 양성 판정, 노화, 운동 능력의 상실, 간통을 포함한, 개인적이고 예술적이며 건강과 관련된 위기들을 보여준 뒤, 씁쓸하면서도 달콤한 에필로그에서 어떻게 극의 커플들이 편안하고 가정적으로 함께 시간을 보내는지 묘사한다. 극은 누드를 정치적 도구보다는 장식으로 사용한다. 극 후반부에 남성들은 그레고리의 시골집 호수에서 함께 수영을 즐기고자 즐겁게 옷을 벗는데, 이 장면은 공연에서 매력적인 방식으로 자연스럽게 표현되었다. 이러한 미학적인 누드의 사용은 팀 밀러가 누드를 공연의 정치적인 도구로 사용하는 방식과 대조를 이룬다.

맥널리의 게이 남성 관계에 대한 극은 그것이 지닌 인종과 계층 재현의 정치적 한계에도 불구하고, LGBTQ 연극이 30년도 채 안 되어 〈밴드의 소년들〉에서 얼마나 진보했는지를 보여준다. 〈사랑! 용기! 연민!〉의 남성 인물들은 라틴계 무용가 라몬을 제외하고는 부유한 백인들인데, 라몬과 그레고리의 (눈먼) 남자 친구의 관계는 일시적으로 집에 소란을 일으킨다. 결국 친구들은 라몬을 받아들이고 그를 그레고리의 자전적 발레의 출연자로 캐스팅하지만, 그의 벌거벗은 아름다운 몸은 공연에서 대상화하고 그의 인종 또한 표식으로 사용된다. 맨해튼 시어터클럽에서 공연을 시작한 후 〈사랑! 용기! 연민!〉은 성공적으로 브로드웨이로 진출한 뒤 영화로 만들어졌고, 미국의 지방 극장들에서도 공연되었다.

　일반적인 여성 작가의 작품들과 마찬가지로 레즈비언극은 대중적인 상업 극장에서 공연을 성사시키는 데에는 그리 성공을 거두지 못했다. 그럼에도 불구하고, 레즈비언 작가 폴라 보걸(Paula Vogel)은 비록 아직까지 브로드웨이에서 작품을 공연한 적은 없지만• 오프브로드웨이와 지방 극장에서는 성공을 거두었다. 1992년 뉴욕 서클 레퍼토리 극장에서 공연한 〈볼티모어 왈츠The Baltimore Waltz〉에 레즈비언 배우 체리 존스(Cherry Jones)가 출연했고(2009년과 2010년 TV 드라마 〈24〉에서 미국 대통령 역할을 맡았다), 레즈비언 연출가이자 시티 컴퍼니(SITI Company)의 예술 감독 앤 보가트(Anne Bogart)가 연

• 　이 책이 출판될 당시에는 보걸의 브로드웨이 진출작이 없었으나, 이후 2017년 〈외설 Indecent〉이 브로드웨이에서 공연되었다.

출을 맡았다. 극은 보걸의 친오빠가 에이즈로 인해 맞이한 죽음을 알레고리 형식으로 풀어낸다. 세 인물이 등장하는 희극적 판타지와 같은 이 작품에서, 오빠와 여동생은 여동생이 걸린 '후천성 변기시트 질병 신드롬Acquired Toilet-Seat Disease Syndrome'의 치료약을 찾고자 유럽 전역을 헤매는데, 이 성병은 사실 오빠가 걸린 에이즈의 대체적 상징물이었음이 밝혀진다. 보걸의 다른 대표작 〈운전 배우기How I Learned to Drive〉(1997, 뉴욕 빈야드 극장)는 1998년 퓰리처상을 받았는데, 보걸의 수상은 레즈비언으로서는 처음이다(사실 1993년, 게이 극작가 토니 쿠시너Tony Kushner가 〈미국의 천사들Angels in America〉로 퓰리처상을 받기는 했다). 〈운전 배우기〉는 슬픈 과거에 대한 향수를 담아, 삼촌 펙에 의해 성적 각성(혹은 성추행)을 겪는 릴빗에 대해, 감동적이고 해방감을 느끼게 하는, 직접적이면서도 미묘한 스타일로 서술한다. 극의 내용은 특정한 대명사의 사용과 별 생각 없이 던지는 대사들을 통해 간접적으로 레즈비언 성향을 암시하며, 성 정체성의 문제를 강렬하고 양가적이며 신랄한 방식으로 다룬다. 보걸은 사실주의 자체에 대한 풍자적인 논평을 제기할 뿐 아니라, 〈운전 배우기〉를 기존의 사실주의 가정극과 차별화시켜 가족의 저녁 식탁을 전통적인 가족적 가치를 상징하는 신성한 장소가 아닌 음탕하고 여성 혐오가 가득한 난장판으로 제시함으로써, 통제하기 힘든 욕망의 거대한 힘을 보여준다.

2003년 로드아일랜드주 프로비던스의 트리니티 레퍼토리 컴퍼니에서 공연한 보걸의 〈집으로 가는 성탄절의 긴 드라이브The Long Christmas Ride Home〉 또한 매우 불행한 가족에 대한 극이다. 심각하게 깨진 부부 관계, 아버지의 불륜, 조부모의 날카로운 무시와 경멸, 아이들의 두려움과 고통이 베이절 트위스트(Basil Twist)가 만든 꼭두각시 인형으로 재현된다. 이 극은 일본의 분라쿠 스타일 인형극과 가무극 노의 기법을 혼합하여 감정적인 잔혹성이 느껴지는 놀라운 미적 경험을 만들어낸다. 심리적 접근을 거부하는 브레히트의 서사극 스타일을 차용한 이 극은 핵가족 체제의 실패에 대한 생생한 비판을 통해, 관객에게 강한 충격을 준다. 극은 부모가 고성을 지르며 다투는 모습을 보는, 덜컹거리는 (그리고 거의 뒤집힐 뻔한) 차 뒷좌석에 갇힌 세 아이의 미래를 예언하며 과거와 현재를 오가는데, 어린아이들은 꼭두각시 인형으로 재현하고 성인 역할은 실제 배우가 연기했다.

보걸은 명성 높은 예일 드라마 학교의 극작학과 학과장

으로 재직하고 있지만, 여전히 여성으로서 권력의 중심 세력 외부에 머물러 있다. 브로드웨이와 런던 웨스트엔드에서 공연되는 여성 작가가 거의 없는 현 상황에서, 젠더는 여전히 레즈비언 작가의 작품 수용에 영향을 끼친다. 그와 대조적으로 브로드웨이에서 공연된 게이 남성 작가 토니 쿠시너의 〈미국의 천사들: 국가적 주제에 대한 게이 판타지 Angels in America: A Gay Fantasia on National Themes〉는 선구안적 작품으로 환영받았다(〈1부 : 밀레니엄이 다가온다Part One: Millennium Approaches〉는 1990년 로스엔젤레스의 마크 테이퍼 포럼에서 초연되었으며, 〈2부 : 페레스트로이카Part Two: Perestroika〉는 2년 뒤 같은 장소에서 공연되었다). 비평가들은 2부로 나뉜 이 서사시가 놀라운 통찰력으로 1980년대 에이즈 대유행과 로널드 레이건 대통령 집권기 미국인들의 관심사를 다룬, 지적이고 정치적이며 또 연극적인 대담한 시도라는 점에 동의했다. 〈미국의 천사들〉은 매우 개인적이고 또 매우 정치적인 영역에 관한 대화를 강한 연극성과 결합시킨 짜임새 있는 서사를 통해, 그 전까지 진지하고 예술적인 브로드웨이 연극의 주인공이었던 적이 없는 게이 남성들을 중심으로 삶의 이유와 죽음의 본질이라는 보편적인 철학적 주제를 탐구한다.

프라이어 월터는 에이즈 초기 치료에 필요한 아지도티미딘(AZT)이 구하기 어렵고 비쌌던 1980년대 초 에이즈 바이러스로 고통을 겪고, 그로 인해 신의 없는 유대인 남자 친구 루이스 아이언슨에게 버림을 받는다. 이들의 관계는 보수파 상원 의원 조지프 매카시(Joseph McCarthy)의 심복 로이 콘이 고용한 모르몬교도 변호사 조 피트와 남편 조가 동성애자라는 암묵적 사실로 인해 서서히 미쳐가는 아내 하퍼의 악화되는 결혼 관계와 교차된다. 이 두 관계는 프라이어와 하퍼가 서로의 환상을 공유하고 루이스와 조가 관계를 시작하며 접점을 갖는데, 이들을 둘러싸고 발터 베냐민 철학에 기반을 둔 역사의 진보에 대한 주장들과 모르몬교도들의 미국 서부 개척지 확장에 대한 이야기들이 전개된다.

　인물들 사이에 예상치 못한 파트너 관계가 형성되는데, 이러한 관계들은 가족 관계의 의미를 다시 생각하게 만든다. 모르몬교도인 조의 어머니는 아들이 동성애자임을 고백하자, 솔트레이크시티에서 브루클린으로 건너와 프라이어를 만나고 그를 육체적·정서적으로 돌봐주게 된다. 고통스러운 에이즈 마지막 단계에 이른 콘은 병원에 입원했는데, 프라이어와 루이스의 아프리카계 미국인 친구 벨리즈가 그 병원에서 간호사로 일하고 있다. 벨리즈는 불법으로 획득한 아지도 티미딘을 프라이어에게 넘겨주라고, 죽어가는 콘을 설득한다. 콘은 또한 자신이 누명을 씌워 전기의자에서 처형당하게 만든 에설 로젠버그(Ethel Rosenberg)의 방문을 받는다. 에설은 죽음과 마주한 콘을 감정적·정치적으로 자극하고, 그의 몸 위에서 죽은 자를 위한 유대인의 기도문 카디시를 읊는다. 극은 유머, 지적인 토론, 극적 스펙터클, 그리고 예상치 못한 방식으로 짝지어진 현실과 허구 인물들 사이의 장면들을 활용하여, 관객을 게이 남성, 모르몬교도, 캐리비언 혈통의 아프리카계 미국인, 그리고 유대인이 한 가족을 이루는 수정된 가족 관계의 비전으로 끌어들인다. 이 감동적이고 신나는 서사시는 한 세대의 LGBTQ 연극인들에게 시금석이 되었다.

정체성의 차이와 공연의 접근성

젠더와 인종의 정치적인 문제는 LGBTQ 연극의 수용에 여전히 영향을 미친다. 브로드웨이와 웨스트엔드 공연이 전통 연극계 성공의 정점이라 가정할 때, 동성애자임에도 백인 남성으로서 쿠시너가 가진 기회에 제한이 없는 것처럼 보이는 반면, 백인 레즈비언 작가인 보걸은 여전히 적어도 그 한 단계 아래에서 창작 활동을 한다. 사회적 인정과 기회를 얻기 어려운 비백인 게이 남성과 레즈비언 작가 들은 종종 그보다 더 어려운 처지에 놓인 자신을 발견한다. 싱가포르 태생의 아시아계 미국 작가 체이 유(Chay Yew)는 그의 작품들을 미국 전역의 지방 극장에서 공연했다. 그러나 널리 인정받은 쿠시너나 이성애자 아시아계 미국 작가인 데이비드 헨리 황(David Henry Hwang)의 작품들과 유사한 정치, 성, 인종, 문화적인 주제들을 재현함에도 불구하고, 유의 작품은 아직 단 한 번도 브로드웨이 무대에 오른 적이 없다. 1995년 뉴욕 공립극장에서 공연된 유의 〈그들만의 언어A Language of Their Own〉는 아시아 문화와 미국 문화의 혼종성을 암시하는, 미묘하게 그늘진 장면들을 통해 동성애와 인종적 정체성의 충돌을 서정적으로 표현한다. 에이즈 위기가 정점에 달한 시기에 쓰인 〈그들만의 언어〉는 둘 중 한 명이 에이즈 양성 판정을 받은 한 아시아계 미국인 게이 커플의 관계와 그들이 친밀함과 섹슈얼리티 사이의 균형을 맞추는 데 겪는 어려움을 다룬다. 유는 최근 다른 이들의 작품을 연출하는 데 점점 더 시간을 할애하고 있고, 2007년 연출 부문 오비상을 수상했다.

왕성한 활동을 하는 정치 수필가, 시인, 사회 운동가인 멕시코계 미국 극작가 체리 모라가(Cherríe Moraga)는 미네아폴리스에 위치한 레즈비언 페미니스트 극장인 산기슭에서 극장(At the Foot of the Mountain)에서 공연한 〈유령 포기하기 Giving Up the Ghost〉(1984)로 연극 커리어를 시작했다. 〈유령 포기하기〉는 젊은 멕시코계 미국인 부치가 자신의 문화적 정체성에 대해 이상적으로 생각하는 모든 것을 지닌 연상의 펨과 사랑에 빠지는 내용을 담은 암시적(evocative) 음시(tone poem)이다. 독립적인 시각과 서사적 심상들을 위해 구조적 통일성을 피하는, 파편화하고 포스트모던적인 형식을 갖춘 이 극은 레즈비언과 이성애자, 멕시코계 미국인과 백인 사이의 이분법적인 구분에 대한 사회적 혼란(schizophrenia)을 환기시킨다. 모라가는 후에 이 작품을 좀더 사실주의적인 형식으로 수정했고, 〈남성의 그림자 Shadow of a Man〉(1990, 샌프란시스코 유레카 극장)나 좀더 표현주의적인 〈영웅들과 성인들 Heroes and Saints〉(1992, 샌프란시스코 미션 극장)과 같이 멕시코계 미국인 가정극에 어울리는 더 전통적인 형식의 작품들을 쓰는 데 전념했다. 모라가는 현재 스탠퍼드대학교에 상주 예술가 자격으로 머무르는데, 실제로 많은 LGBTQ 극작가와 연극 예술가 들이 강의, 예술가 워크숍, 순회공연을 통해 얻는 전문 대학과 일반 대학의 재원에 의존한다.

인종적이고 문화적인 구분은 많은 LGBTQ 희곡과 연극, 그리고 공연의 가시성을 늘리는 데 도움이 될 수 있지만, 성적 지향과 인종, 재원이 풍부한 영향력 있는 공연장에 대한 접근성 간의 엄격한 상관관계를 도출하기는 어려울 것이다. 예를 들어, 조지 울프는 공공연히 알려진 아프리카계 미국인 게이 남성이었지만, 1993년부터 2004년까지 뉴욕 셰익스피어 페스티벌과 공립극장의 예술 감독직을 맡으며 그의 작품을 가장 비평적으로 주목받는 뉴욕 극장에서 정기적으로 상연했다. 울프는 체이 유의 희곡과 마르가 고메즈와 리사 크론의 솔로 공연 등을 포함해, 그가 연출을 맡거나 기획한 지속적으로 다변화를 추구한 시즌들을 통해 인종적·문화적·성적 다양성에 대한 그의 꾸준한 관심을 입증했다. 울프의 리더십 아래, 공립극장은 통상적으로 작품이 진보적인 주제를 다루는지, 게이 혹은 소수자에 대한 것으로 홍보되는지와 상관없이, 비백인과 게이 남성의 삶과 관심사를 다룬 연극들을 정기적으로 브로드웨이에 진출시켰다. 대표적인 예로, 울프는 팀원과 팬 들에게 커밍아웃을 한 후 개인적이고 직업적인 대가를 치르며 고통받는, 잘생기고 성공했으며 다소 오만한 아프리카계 미국인 야구 선수의 이야기를 다룬, 게이 극작가 리처드 그린버그(Richard Greenberg)의 〈나를 꺼내줘Take Me Out〉(2002, 돈마 웨어하우스Donmar Warehouse; 2002, 공립극장)를 무대에 올렸다. 이 극은 공립극장에서 브로드웨이로 진출했고, 그 해 토니상 최고연극상을 받았다. 극에서 미국 민주주의에 대한 비유로서 사용된 야구에 대한 애정은, 주인공이 자신의 성적 정체성을 숨기지 않겠다고 확고히 한 아름다운 결정만큼이나 감동적이었다.

〈나를 꺼내줘〉는 2003년 토니상 수상을 통해 인정을 받음으로써, 아웃팅한 게이 백인 남성이 브로드웨이 공연계에서 가장 성공적인 예술가 군에 진입했음을 보여주었다. 예를 들어, 존 워터스(John Waters)의 1988년 영화 〈헤어스프레이Hairspray〉를 각색한 뮤지컬(2002, 뉴욕 닐 사이먼 극장)의 작사/작곡가인 마크 샤이먼(Marc Shaiman)과 스콧 위트먼(Scott Wittman)이 토니상 작곡상을 수상했을 때, 둘은 브로드웨이 뮤지컬 연극계에서 유대인 게이 남성이 두각을 보이는 상황에 대한 농담을 하고 그들의 수상 소감을 애정 어린 키스로 마무리하며 관객에게 열렬한 박수갈채를 받았다. 물론 이 둘이 미국 뮤지컬 연극계에서 성공을 거둔 첫 게이 남성들은 아니었다(스테이시 울프의 『마리아와 같은 문제』 참조). 종종 뮤지컬계의 국보로 여겨지는 작곡가이자 작사가인 스티븐 손드하임(Stephen Sondheim)은 이제 그의 게이 정체성을 공적인 페르소나의 일부로 삼는다. 철저히 이성애적인 커플 친구들에 둘러싸인 미혼 남성의 곤경에 대한 〈동료Company〉(1970, 뉴욕 알빈 극장)를 제외하고 손드하임의 뮤지컬들은 동성애와 관련된 주제를 잘 다루지 않는다.

문화적으로 중요하고 또 큰 수익을 거둘 수 있는 뮤지컬계에서, 성공한 아웃팅 게이 남성으로서 손드하임의 예시는 게이와 레즈비언 들이 모든 종류의 연극 공연에 그들의 존재감을 발휘하고 있음을 잘 보여준다. 또 많은 백인 게이 남성들이 게이와 레즈비언 소재를 더 상업적인 예술 장르에서 활용하는, 주목받는 연극과 영화 제작자로 활동하고 있다. 스콧 루딘(Scott Rudin)은 2004년 맨해튼 시어터클럽에서 초연된 후 브로드웨이에 진출한 존 패트릭 섄리(John Patrick Shanley)의 〈의심Doubt〉과 코맥 매카시(Cormac McCarthy)의 소설 『노인을 위한 나라는 없다』를 각색하여 아카데미상을 수상한 2007년 영화와 같이 매우 대중적인 연극과 영화를 제작한다. 크레이그 제이던(Craig Zadan)과 닐 메런(Neil Meron)은 뮤지컬 〈헤어스프레이〉(2007)의 각색 영화를 제작한, 공공연히 알려진 게이 사업의 동업자들이다. 널리 알려진 그들의 섹슈얼리티는 그들의 사업에 특별한 영향을 주지 않는 듯하다. 다른 한편으로, 그들이 주류 영화계에서 얻은 명성과 영향력은 그들이 다른 게이와 레즈비언 예술가를 옹호할 것이라든지 혹은 그들의 프로젝트가 정치적으로 진보적일 것이라고 보장하지는 않는다. 다시 말하지만, 성적 지향 자체가 보장하는 것은 거의 없다.

캠프와 드래그 공연

공연 예술가 에틸 아이컬버거(Ethyl Eichelberger)의 1970년대와 80년대 뉴욕 솔로 공연들부터 몽상적이고 화려한 드래그를 공연한 1970년대 샌프란시스코 드래그 퀸 그룹 코켓츠(Cockettes), 그리고 1970년대 유럽을 순회한 드래그 극단 뜨

거운 복숭아(Hot Peaches)까지 퀴어 캠프 전통과 게이 남성의 드래그는 미국과 영국의 공연과 연극에서 주요 상품이 되어 왔다. 극작가이자 배우인 찰스 부시(Charles Busch)는 오프-오프브로드웨이 여성 연기의 화신 중 하나로, 자신의 매력적인 드래그를 위한 도구로 패러디 작품들을 집필해왔다. 그가 이성애자 배우들과 주류 관객들을 위한 희극을 집필하여 자신의 커리어를 성공적으로 확장하기 전, 그의 초기 작품 중 하나인 〈소돔의 흡혈귀 레즈비언들Vampire Lesbians of Sodom〉은 1984년 뉴욕 이스트빌리지의 림보라운지(Limbo Lounge)에서 초연되고, 그리니치빌리지 워싱턴 광장의 프로빈스타운 극장(Provincetown Playhouse)에서 5년간 공연했다.

찰스 러들램(Charles Ludlam)과 뉴욕 웨스트빌리지의 셰리든 광장에 위치한 극장에서 20년 동안 고급 예술과 다른 문화적 형식을 패러디한 그의 우스꽝스런 연극단의 경우처럼, 다른 드래그 예술가들은 시내에 머무는 쪽을 선택했다. 러들램과 사업과 삶의 동반자 에버렛 퀸턴(Everett Quinton)은 통속극 〈동백꽃아가씨Camille〉(1973, 뉴욕 우스꽝스런 연극단)나 지방 극장에서 오랜 인기를 누린 통속적 싸구려 소설과 고딕 스타일의 패러디극 〈이르마 벱의 미스터리The Mystery of Irma

연극 그리고 섹슈얼리티

Vep⟩(1984, 뉴욕 우스팡스런 연극단)의 경우처럼, 다른 여러 장르적 관습을 퀴어화해 성과 사회의 도덕성에 대한 신랄한 풍자를 담은 공연들을 정기적으로 무대에 올렸다. 러들램은 드래그로 공연했지만, 그의 의상은 자기 성별을 완전히 숨긴 적이 없다. 그는 상의에서 의도적으로 튀어나온 곱슬거리는 가슴 털을 노출한 채 동백꽃아가씨를 연기했다. 러들램은 자신이 쓴 작품 29개를 모두 자기 극장에서 공연했는데, 대부분 작품에 직접 출연하고 또 연출까지 맡았다. 강한 캠프 스타일의 퀴어 연극과 같이 그의 작품은 같은 관심사를 공유하는 군중을 지하 극장으로 끌어들였는데, 작품들의 재치와 지성, 그리고 공연의 에너지와 카리스마는 아방가르드를 훌쩍 넘어서는 명성과 지위를 그에게 안겨주었다.

키키와 허브는 1980년대 후반 샌프란시스코에서 그들 자신의 캠프스럽고 성별을 초월한 드래그 공연을 시작했고, 이후 1990년대 후반 맨해튼 남동부에 위치한 식당 겸 술집인 카우걸 명예의 전당(Cowgirl Hall of Fame)과 이후 페즈(Fez)와 같이 좀더 트렌디한 클럽을 포함한 소규모의 그리니치빌리지 공연장들로 거처를 옮겼다. 그들은 오프브로드웨이의 체리레인 극장(Cherry Lane Theatre)으로 자리를 옮겨, 더 많고 다양한 관객에게 인기를 끈 〈키키와 허브: 연극적 성취Kiki and Herb: Coup de Théâtre〉(2003)라는 수위 높은 라운지 공연에서 그들의 독특한 연극적 호흡을 보여주었다. 가수 저스틴 본드(Justin Bond)가 연기하는 키키는 전성기를 넘긴 나이 많은 토치송(torch song)• 가수이고, 음악가 케니 멜먼(Kenny Mellman)이 연기하는 허브는 인내심 강한 키키의 피아노 반주자이다. 30대인 두 배우는 나이가 든 것처럼 보이기 위한 분장을 하지는 않지만, 그들이 연기하는 두 인물이 70세가 넘었다고 설명한다. 그들의 라운지 공연은 허구적이지만, 놀라울 정도로 사실적으로 들리는 키키의 인생 이야기를 섬뜩하고 때로는 적대적인 톤을 띠는 씁쓸하고 강렬한 회상을 통해 전달하며, 현재의 정치적 상황에 대한 적나라한 논평을 제시한다. 극은 관객과의 가벼운 대화로 시작하고, 종종 키키가 화나서 비명을 지르면 허브가 키보드로 장난스럽게 그에 호응하며 긴장을 해소한다. 2006년 뉴욕 헬렌 헤이스 극장(Helen Hayes Theatre)에서 초연한 〈키키와 허브: 브로드웨이에서 생존하다 Kiki and Herb: Alive on Broadway〉는 2007년 토니상에서 최고 특별

• 토치송은 '짝사랑에 대한 슬픈 노래'를 뜻한다.

연극 이벤트 부문 후보로 지명되기도 했는데, 이는 브로드웨이에서 이 듀오가 얼마나 독특한지를 감안할 때 과소평가된 상황이라 할 수 있다.

〈벨 리프리브〉:
LGBTQ 이론의 실천

『연극 그리고 섹슈얼리티』에서 다루는 주제들을 예표하는 연극으로서, 〈벨 리프리브〉는 이론과 실천 사이 대화의 장을 마련한다. 1991년 런던의 드릴 홀에서 미국의 스플리트 브리치즈 극단의 로이스 위버와 페기 쇼, 영국 블루립스의 벳본과 폴 쇼는 테네시 윌리엄스의 정전 〈욕망이라는 이름의 전차〉를 퀴어 스타일로 해체하는 작업을 함께 수행했다. 〈욕망이라는 이름의 전차〉는 브로드웨이에서 1947년 공연된 후 미국 연극계의 걸작이 되었다. 극은 퓰리처상을 수상하며 2년 동안 공연되었고, 1951년에는 엘리아 카잔(Elia Kazan)이 감독하고, 비비언 리, 킴 헌터, 칼 맬던, 말런 브랜도가 출연

하는 영화로 만들어졌다. 이 연극과 영화는 사실주의 제4의
벽 관습을 엄격히 준수하고 배우가 심리학적이고 내면적인
기술로 배역에 접근하고 역할을 수행할 것을 요구하는, 당시
인기 있던 메소드 연기를 잘 보여주었다. 초연 이래 〈욕망이
라는 이름의 전차〉는 전 세계 고등학교와 대학교 수업에 활
용되며 국제적인 정전의 지위를 유지해왔다.

   윌리엄스의 극은 스텔라와 폭력적이며 감정 표현이 서툴
지만 육체적·성적으로 매력이 넘치는 남편 스탠리가 함께
사는, 뉴올리언스의 습기 많은 노동자 계층 공동 주택을 배
경으로 한다. 스텔라는 남부 상류층 출신이지만, 가족의 영
지인 벨 리브(프랑스어로 '아름다운 꿈'을 뜻함)가 몰락하고 친지
들이 사망하기 시작하자 특권층으로 살았던 과거에 등을 돌
린다. 스텔라는 허물어져가는 저택에서 점점 노쇠해지는 친
지들과 분투하는 언니 블랑시를 홀로 내버려두고 뉴올리언
스로 건너와, 스탠리의 거친 매력에 사로잡힌다. 블랑시가
연락도 없이 작고 금방이라도 무너질 듯한 이들의 집에 도착
했을 때, 자매의 예전 부유하던 삶과 현재 빈곤한 삶 사이의 충
돌은 블랑시와 스탠리 사이에 날카로운 긴장감을 조성한다.

   블랑시는 폴란드 이민자 출신으로 노동자 계층의 행동 양

식을 보이는, 과장된 행동을 하면서 뽐내며 집 안을 돌아다니는 스탠리를 경멸한다. 이에 좌절감을 느낀 스탠리는 블랑시의 과거를 파헤쳐 속물적 외양 아래 지저분한 실체를 숨기고 있음을 알게 된다. 벨 리브를 떠난 블랑시는 방 하나짜리 호텔에 머물며, 화대를 지불하는 '신사 방문자들'을 접대했던 것이다. 스탠리는 아이를 낳기 위해 스텔라가 병원에 간 날, 잔인하게 블랑시를 겁탈하고 그녀의 환상을 파괴한다. 병원에서 돌아온 스텔라는 회복이 불가능할 정도로 정서적·심리학적인 손상을 입어 정신 쇠약을 겪고 있는 언니를 보게 된다. 〈욕망이라는 이름의 전차〉 마지막 장면에서, 정신 병원에서 온 의사와 간호사가 블랑시를 데려가려고 집에 당도하지만 다시 돌아온 환상에 사로잡힌 블랑시는 신사 같은 의사를 구혼자로 착각한다. 블랑시는 의사의 팔을 붙잡고 스탠리와 스텔라의 삶에서 퇴장하며, "저는 늘 낯선 사람들의 친절에 의지해왔어요"라는 유명한 대사를 한다.

말런 브랜도는 브로드웨이 공연과 영화에서 스탠리를 연기하며, 그의 찢어진 티셔츠, 물결 같은 근육, 중얼거리는 듯한 대사 전달, 그리고 아내의 따뜻한 손길을 구하며 외친 "스텔라!!"라는 외침으로 유명세를 얻었다. 브랜도는 1940년대

연극 그리고 섹슈얼리티

와 50년대 후반 근육과 재치로 자신의 가치를 입증하고 단단히 결속된 남성들의 무리에 둘러싸여 자신의 성적 욕구를 충족시켜줄 여성의 손길을 기대하는, 거만한 노동자 계층으로서의 미국적 남성성을 대표했다. 비비언 리는 브랜도의 상징적인 백인 남성성에 대항하여, 불운하고 도와줄 사람이 없는 극단적인 상황에 몰린 20세기 중반의 연약한 백인 여성성 이미지에 가까운 금발 미녀를 연기했다. 유혹하려는 여성의 책략에 대한 남성성의 승리를 보여주는 클라이맥스의 '운명적 데이트'는 연극사에서 가장 유명한 장면 중 하나로 남아 있다.

정전으로서 〈욕망이라는 이름의 전차〉가 자리매김하는 신성한 위치와 성 역할이 작품의 의미에서 차지하는 큰 비중은 퀴어 패러디를 위한 완벽한 조건이 되었다. 〈벨 리프리브〉는 젠더 수행성과 더불어 연극이 어떻게 섹슈얼리티에 대한 보수적인 이데올로기를 관객에게 심어주는 도구로 활용되는지를 보여주기 위해 원작을 활용했다. 이 협업의 결과물인 〈벨 리프리브〉는 〈욕망이라는 이름의 전차〉의 기본 플롯을 따르지만, 원작의 사실주의 관습을 준수하기 거부하며 보드빌 형식을 차용한다. 배우 네 사람은 관객에게 직접 말을 건

네며, 등장인물의 연극적 환상을 유지시키려 하지 않는다. 판지에 인쇄한 이차원적인 배경은 굳이 실제 1940년대 뉴올리언스의 건물 느낌을 주려 하기보다는, 그러한 배경을 비판적이고 역사적이며 또 브레히트적인 방식을 이용해 간접적으로 재현한다. 인물들은 사실주의적인 대화가 아닌 서로 다른 서사적 흐름 두세 개를 동시에 전개하며 서로 다른 이야기를 하고, 그들의 독백에 노래를 삽입한다. 각 배우들은 윌리엄스 원작의 인물을 연기하지만, 인물의 심리적 앙금을 온전히 짊어지거나 감정적 연기를 통해 관객을 위해 인물을 소환하기보다는 역할을 '인용'한다. 〈벨 리프리브〉는 연극의 매체적 특징을 드러내고 서사적 통일성과 사실주의적 관습의 준수를 거부하는 포스트모던적이고 브레히트적인 연극과 공연의 좋은 예이다.

원작 인물들을 해체하고자 하는 배우들의 의도는 역할 설명에서부터 분명히 드러난다. 우선, 블랑시의 순수하고 근면성실한 구혼자 미치(폴 쇼 분)는 '남성으로 변장한 요정'이다 (수-엘런 케이스, 『스플리트 브리치즈*Split Britches*』(1996) 150쪽 참조). 미치가 '남성으로 변장'했다는 설정은 게이 남성은 진짜 남성이 아니라는 널리 퍼진 고정 관념에 대한 〈벨 리프리브〉의 극단적인 희화이다. 이와 마찬가지로 스텔라(위버 분)는 '여성으로 변장한 여성인데'(케이스, 150쪽) 이러한 설정은 배우와 자신이 연기하는 인물의 성이 일치하더라도 배우가 본성적이고 자연스럽거나 혹은 사실적인 역할을 연기한다기보다 가장(masquerading)하고 있음을 가리킨다. 다음으로 스탠리는 '부치 레즈비언'(페기 쇼 분. 폴 쇼와 성이 같지만 가족이나 친척 관계가 아님)이다. 배우들은 스탠리를 '부치 레즈비언이 연기한다'고 설명하지 않는다. 작품에서 스탠리는 부치 레즈비언 그 자체이기 때문이다. 이러한 설정은 관객으로 하여금 남성성이 선천적인 것이라는 일반적인 선입견으로부터 그의 행동을 분리시키도록 한다.

대신 우리는 하나의 연기(performance)로서 남성성이 어떻게 페기 쇼의 신체에 작용하는지를 본다. 쇼는 스탠리를 연기하면서 자신이 여성이라는 사실을 숨기지 않는다. 대신 스탠리가 재현하는 상징적 남성성을 선택적으로 취하고 그것을 그럴듯하게 표현하여, 관객으로 하여금 우리가 남성적이라 여기는 행동 양식이 필연적인 것이 아닌 학습된 것이며 따라서 누구나 남성적 행동 양식을 선택적으로 수행할 수 있음을 보여준다. 마지막으로, 블랑시는 '드레스를 입은 남성'(블루립스 극단의 유명한 드래그 퀸 벳 본이 연기)이다. 남성성의 경우와 마찬가지로, 여성성 또한 여성의 신체에서 기인하는 천성적인 특징의 집합체가 아닌 누구나 의식적으로 형성하고 연기할 수 있는 것으로 묘사된다.

인물/배우가 자신들의 선택에 따라 시연하는 성 역할의 수행성은 무대 장식에도 영향을 미친다. 스탠리와 스텔라의 주거 공간을 구성하는 어지러운 부엌, 너저분한 침실, 비좁은 욕실을 충실히 재현하는 통상적인 사실주의 가정극 무대 대신, 〈벨 리프리브〉는 처음부터 극의 배경을 명확히 사실적이지 않은 것으로 보여준다. 무대 지시문에 따르면, '무대 뒷면에는 1940년대 뉴올리언스 아파트의 인테리어를 닮도록 페인트를 칠한 면포가 드리워져 있다'(작품 150쪽). 〈벨 리프리브〉의 무대는 실제 난로, 싱크대, 식탁과 의자를 놓는 대신, 주거 공간을 이차원적으로 재현한 그림이다. '현실'은 이미 그림을 통해 소원해진 다른 차원의 하위 세계이다. 무대 지시문의 설명에 따라, '극 내내 배경 혹은 분위기 전환을 나타내기 위해 다양한 그림을 그린 천 커튼이 내려온다'(작품 150쪽). 한 예로, 장면이 욕실로 바뀔 때 '거대한 욕조의 뾰족한 발과 타일 바닥에 놓인 일자 면도기'(작품 157쪽)가 그려진 커튼이 내려온다. 스탠리와 미치가 카드 게임을 준비하는 장면에서는 미치가 카드 테이블 그림을 들고 와서 무대에 사용하는 여러 종이 상자들 중 하나에 그것을 얹는다(작품 161쪽).

강간 장면에서는 '욕조가 사라지고 대형 알전구 그림이 무대에 내려'오는데(작품 177쪽), 여기서 블랑시가 냉혹한 진실과 마주해야 하는 순간이 도달했음을 알리는 이차원 배경이 다시 한번 사용된다. 이러한 무대 디자인은 관객에게 이곳에서 어떠한 환상도 일어나지 않을 것임을 지속적으로 상기시킨다. 대신 배우들은 윌리엄스가 구축한 '현실' 세계를 가지고 놀이를 즐기며, 원작과 상반되는 선택들을 통해 원작의 젠더 관계 재현도 1947년 미국의 역사적 맥락에서 이루어진 윌리엄스의 임의적 선택이었음을 지적한다. 결국 〈벨 리프리브〉는 연극이 재현하는 현실은 명백히 인위적으로 만들어진 것이고, 당연하거나 본질적 혹은 필연적인 것으로 간주되어서는 안 되는 의미 체계의 하나임을 강조한다.

〈욕망이라는 이름의 전차〉의 영어 공연에서는 통상적으로 자매의 집을 프랑스어식인 '레브rehv'가 아닌 '리브reev'로 발음하는데, 〈벨 리프리브〉의 제목은 '벨 리브'에 대한 언어적 유희이다. 공동 창작된 이 작품은 마치 관객이 원작과의 비교에 초점을 맞추고 이해해야 한다는 듯, 처음부터 끝까지 윌리엄스의 대사로 가득하다. 그러나 배우들은 대화(dialogue)가 아닌, 극의 전체 플롯과 관계는 적지만 〈벨 리프리브〉의 핵심 주제인 젠더와 섹슈얼리티에 대한 고찰을 위한 분위기를 형성하는 독백(monologue)을 주로 읊는다. 원작에서는 소외된 조연인 미치가 공연의 큰 틀을 세우며 극이 시작된다. 그는 큰 박스 세 개를 수레에 싣고 들어오는데, 그 중 하나는 블랑시의 여행 가방 겸 혼수함으로 사용되고, 다른 두 개는 배우들을 이동시키는 데 쓰이거나 무대의 일부로 변환된다. 그는 관객에게 현재 시각이 '우리를 땅에 붙들어두는 실이 가장 얇고 햇빛을 보지 못하는 모든 생물이 잘 짜인 계획들을 무마시키려 나오는' 때인 새벽 4시라고 알려준다(작품 150쪽).

플롯의 전개를 위해 인물들의 배경 이야기가 제시되는 전통적인 사실주의 연극의 발단 부분 대신, 미치는 우리가 흔히 생각하는 '정상'의 범주에서 벗어난 것들에 대해 깊이 생각할 수 있는 분위기를 조성한다. 4시 정각은 아직은 새벽이 되지 않은 밤과 낮 사이의 경계이자, 정체를 알 수 없는 형상과 소리 들이 순환하는 퀴어적 지하 세계의 시간이다. 미치는 다음과 같이 설명한다. '사방에 어두움이 있다. 분위기의 맛을 느끼게 해주는 작은 소리들, 고개 돌리는 머리, 후광을 받는 몸, 어둠 속의 그림자들, 타일이 깔린 복도, 블루스 피아노.'(작품 150쪽) 그는 마치 가정극처럼 보이는 이 극이 실제로는 수수께끼 범죄극이라도 되는 듯, 사실주의 가정극보다는 누아르 영화를 떠올리게 하는 말투를 사용한다. 〈벨 리프리브〉는 이것을 젠더와 섹슈얼리티의 수수께끼 문제로 치환하고, 강제적이고 이분법적인 성 역할과 배타적인 이성애주의가 어떻게 우리의 상상력과 삶을 억누르는지 보여준다.

이러한 누아르 영화풍의 분위기와 〈욕망이라는 이름의 전차〉의 재해석은 전통적인 직선적 스타일을 거부하는 대화로 전개된다. 미치의 초반 독백 후, 스텔라가 매혹적으로 콜라를 마시며 등장하여 관객에게 말을 건넨다. 스텔라는 다음과 같이 묻는다.

원하시는 게 있나요? 어떻게 도와드릴까요? 제가 누구고 어떤 기분이고 무슨 생각을 하는지 아세요? 제 몸을 원하시죠. 제 영혼, 음식, 침대, 피부, 그리고 손까지. 저를 만지고 안고 핥고 냄새 맡고 먹고 가지고 싶나요? 결정하는 데 좀더 시간이 필요하세요? 여러

분의 욕구를 충족시킬 수 있는, 한 시간 조금 넘는 시간이 있답니다.(작품 150쪽)

스텔라는 관객이 자신을 바라보는 행위에 대해 직접적으로 언급하며, 페미니스트 이론가들이 오랫동안 주장해온 바와 같이 여성의 신체를 대상화하는 남성적 '시선gaze'의 존재를 부각시킨다. 위버/스텔라는 관객의 욕망을 노골적으로 언급하며, 그들이 자신을 원하는지 그리고 왜 그런 욕구를 갖는지 묻는다. 미치와 마찬가지로 위버/스텔라 또한 시간적 틀을 정립하는데, 미치가 (마치 저녁이 가도 시간은 전혀 움직이지 않는 것처럼 등장인물들이 지속적으로 언급하는) 시간적 배경을 새벽 4시로 설정했다면, 위버/스텔라는 자신이 배우로 등장하는 공연의 길이가, 관객들이 배우들에게서 원하는 것이 무엇인지 결정하기에 충분한, 한 시간을 조금 넘긴다고 안내한다. 〈벨 리프리브〉는 통상적으로 언급되지 않는 배우와 관객 사이를 오가는 욕망을 규명하고 그것의 존재를 주장할 뿐 아니라, 작품이 전달하는 이야기의 일부로 사용한다.

이렇게 바뀐 미장센에도 불구하고 미치와 스텔라는 이야기가 어떻게 전개되어야 하는지 너무도 잘 알고 있다. 본/

블랑시와 쇼/스탠리는 미치가 밀고 들어온 박스 안에서 대사를 시작하는데, 스텔라는 "나는 보통 그게 오는 게 느껴져……"라 말하고 미치는 "그걸 멈추기 위해 네가 할 수 있는 게 없어? 대본을 바꿔!"라고 응답한다. 그들은 계속해서 다음과 같이 말한다.

스텔라 대본을 바꿔. 하하. 이 신발을 신고 뭘 하라고? 대본이 문제가 아냐. 나는 대본을 이미 바꿨어. 봐, 나는 마취당한 채 관능의 상태로 돌아다니게 되어 있어. 그게 내 역할이야. (블랑시와 스탠리는 가장 큰 박스 두 개 안에서 동시에 말한다.)

블랑시 넌 못 봤지, 스텔라, 내가 본 거, 무덤으로 가는 긴 가두 행렬 말이야. 집은 저당 잡히고, 죽음은 비싸, 스텔라, 죽음은 비싸다고.

스탠리 그래? 넌 말이 없네. 이봐 스텔라, 그녀가 나타나기 전 우리는 행복하지 않았어? 너하고 나는 색 조명들을 봤잖아. 우리가 그 색 조명들을 보지 않았냐고.

스텔라 어쨌든 너무 늦었어. 그건 이미 시작됐어.(작품 151쪽)

블랑시와 스탠리가 원작에서 인용한 대사들을 하면서, 남성적인 노동자 계급의 스탠리가 곱게 자란 상류층이지만 씁쓸하고 진 빠지게 하는 데다 여성스러운 블랑시와 죽일 듯한 갈등 관계를 형성하는 서사의 바퀴가 돌아가기 시작하고, 둘은 자신들의 상자에서 싸울 준비를 한 채 등장한다. 그러나 쇼(미치)와 위버(스텔라)가 고정된 플롯과 시선의 작동 방식에 대한 논평을 통해 관객들의 눈을 연극이라는 매체로 향하게 했기 때문에, 관객은 통상적인 〈욕망이라는 이름의 전차〉 공연에서 스텔라처럼 생각 없이 환각 상태의 즐거움을 느끼며 공연을 보기보다는 극이 어떻게 진행되는지 주의 깊게 반응한다.

〈벨 리프리브〉는 윌리엄스 극의 핵심 요소들을 사용하여 완전히 다른 작품을 만들어낸다. 공연에서 퀴어화한 윌리엄스의 존재감은 "나는 항상 낯선 사람들의 낯섦에 의존해왔어요"(작품 151쪽)라는 블랑시의 첫 대사로 나타나는데, 이것은 원작에서 블랑시의 마지막 인사인 "나는 항상 낯선 사람들의 친절에 의존해왔어요"의 단어를 바꾸어 블랑시의 첫 대사로 치환한 것이다. 〈벨 리프리브〉의 세계는 낯설게 바뀌었지만, 비하적이며 역사적으로 폄하의 의미를 지녔던 '퀴어'라는 단어가 1990년대 사회 운동가들에 의해 재해석된 것처럼, 이 극의 배우들 또한 '낯섦strange'의 의미를 다시

연극 그리고 섹슈얼리티

쓴다.

〈벨 리프리브〉는 또한 영토와 장소에 새로운 의미를 부여한다. 극의 시간 설정이 마녀가 나올 법한 새벽 4시로 고정되어 있는 것처럼, 장소 또한 퀴어적 의미를 지닌 지하 세계에 붙들려 있다. 본(블랑시)은 첫 장면에서, 상자에서 뛰쳐나오며 "우리 도착한 거야? 여기가 거기야? 새로운 장소에 처음으로 도착하는 것은 얼마나 달콤한지"라고 말한다(152쪽). 스텔라는 유감스럽게도 블랑시에게 "언니, 우리는 우리가 시작한 곳과 정확히 같은 곳에 있지는 않아"라고 알려준다. 블랑시는 "나는 중간에 끼어 있는 걸 참을 수 없어. 그냥 견딜 수가 없어"라고 불평한다. 블랑시의 말은 바꿀 수 없는 과거에 갇혀 벗어날 수 없는 자신을 보지 못하는 비극적 결함을 지닌 윌리엄스의 등장인물로서 자신의 위치를 가리킨다. 그러나 이 대사는 또한 〈벨 리프리브〉에서 블랑시를 연기하는 드래그 퀸 배우의 신체를 가리키는 것이기도 하다. 본은 인터뷰에서 다음과 같이 말했다.

누가 블랑시를 연기하고 싶지 않을까요? 그렇지만 나는 여자가 되려고 하는 대신 블랑시를 드래그 남성으로 연기하기를 늘 갈망

했어요. 드래그로 살고 있었을 때, 내가 여성인 척하는 것이 아니라 남성이라는 사실은 매우 분명했죠. 내게는 나 자신이 되는 것이 매우 중요했는데, 그것은 다른 말로 드레스를 입은 남성으로 남성에 대한 새로운 생각을 보여주는 거죠. 나는 남자들이 드레스를 입으면 굉장히 멋져 보인다고 생각하는데, 우리가 반드시 여성인 척 연기할 필요가 있는지 모르겠어요. 그런 의미에서 나는 진정한 의미의 드래그 퀸은 아니에요.(www.nyu.edu/classes/jeffreys/ GayandLesbianPerformance/suellentrop/bloolips.html)

여성성이 여성적인 것과 깔끔하게 맞아떨어져야 한다는 관습적 기대를 감안할 때, 결국 본의 연기를 보는 관객들은 여성의 의복으로 덮여 부조화스럽게 보일 수 있는 그의 남성 신체가 여성성을 연기하는 모습을 본다. 본의 경계적 연기(liminality)는 이러한 사실주의의 필연적인 억압의 단계적 거부를 통해 본/블랑시가 윌리엄스가 창조한 폭력적이고 파괴적인 결말을 피하도록 하면서, 그에 대한 연민과 더불어 궁극적으로는 그의 해방을 가능케 한다.

쇼가 본의 여권을 검사해야 한다고 고집하는 경비원 역할로 등장하는 〈벨 리프리브〉 초반의 짧은 장면에서, 쇼/스탠

연극 그리고 섹슈얼리티

리와 본/블랑시는 경계 넘기에 대한 실험을 벌인다. 관객은 이미 등장인물들이 그들이 처음과 같은 장소에 있다는 설명을 들었다. 여행 서류를 요청하는 것은 '국경border'이라는 단어가 지리적 영토가 아닌 젠더와 외모에 대한 비유로 사용된다는 사실을 강조한다. 블랑시는 "여권요? 저는 제가 국경을 넘는지도 몰랐어요"(작품 153쪽)라고 말한다. 여행 서류를 요구받자 본은 여권을 제시하며 자기 이름이 '블랑시 두보아'라고 말하는데, 국경 경비대를 연기하는 스탠리는 이에 문제를 제기한다. 블랑시는 "이 서류의 정보는 제가 문제 없이 세계를 여행하게 해주는 관습 같은 거예요"라고 항변한다. 스탠리가 "당신은 이 사진하고 전혀 닮지 않았잖아"라고 하자, 블랑시는 "저는 자연은 개선되어야 하는 것이라 생각해요"라는, 오스카 와일드를 떠올리게 하는 경구로 응답한다(작품 153쪽). 이 대화는 본/블랑시가 이름에 대한 관습에 동의하기를 거부하고 '남성성', 더 나아가 '국가'의 허구성을 보여주는 연기로 자연 세계를 개화시킨다는 사실을 강조한다.

그러나 〈벨 리프리브〉 자체가 진지함과는 거리가 멀기 때문에 그러한 의미는 장난스럽게 전달되고, 배우/인물들은 관객에게 그들이 공연을 보러왔음을 상기시킨다. 여권과 경계에 관한 대화에 화가 난 미치는 "이것 봐, 우리 검문은 그만두고 야만적인 수치와 성적 열정의 장면으로 넘어가는 게 어때?"(작품 154쪽)라고 말한다. 매 공연에서 사건이 처음으로 일어나는 것처럼 보여주는 사실주의와 달리, 이 장면에서도 인물들은 앞으로 무슨 일이 일어날지 알고 있다. 〈벨 리프리브〉는 관습적인 불신의 중지를 폐기하고, 사실주의가 통상적으로 전달하는 기형적인 이데올로기적 메시지를 공연이 전복시킬 수 있다는 더 영리한 신념으로 대체한다.

〈벨 리프리브〉의 연출법은 전통적인 대화 형식(dialogue) 또한 거부한다. 2막에서 블랑시는 스텔라가 시원한 코카콜라를 마시는 동안 스탠리의 섹슈얼리티에 대해 골똘히 생각한다. 두 배우는 한 무대에서 대사를 주고받지만, 서로의 생각에 답하지 않는다. 대신 두 배우가 공유하는 것처럼 보이는 두 방향으로 전개되는 독백은 대사의 의미를 축소시킨다. 콜라를 마시는 것에 대한 스텔라의 열정적 표현은 사소한 것인 반면, 스탠리의 섹슈얼리티에 대한 블랑시의 논쟁은 중요한 의미를 지니지만 이것 또한 콜라만큼 가볍게 다루어진다.

사실, 스탠리의 진실성에 대한 의문은 극 내내 제기된다. 스텔라는 남편에게 "당신은 날 만족시키지 않아요. 당신은 가짜야"라고 말한다. 스탠리는 공연의 수행적 맥락에서 그의 정력을 입증하기 위해 동성애적 암시와 남성성 연기의 극으로 치닫는 흥분 상태에서 미치와 팔씨름을 하고 1955년에 유행한 「나는 남자야I'm a Man」를 부르고 난 뒤, "내가 진짜 남자가 아니라고?" 하며 거세게 반박한다(작품 169쪽). 그러나 스탠리의 '실제 젠더'에 대한 수수께끼는 전통적 사실주의 극의 방식으로 풀리거나 지워질 수 없는 문제이다(돌런, 「사실주의 속 '레즈비언' 주체성'Lesbian' Subjectivity in Realism」(1990) 참조). 드래그 퀸 블랑시가 욕조에 몸을 담그면서 이 수수께끼는 〈벨 리프리브〉의 2막으로 이어진다. 블랑시는 "언젠가 나는 목욕탕에서 녹아버릴 거야"라고 말한다. "그들은 나를 찾겠지만 아무 흔적도 남지 않을 걸. '드래그 퀸 욕조에서 녹아내리다'라고 헤드라인에 쓰겠지."(작품 158쪽) 요정 미치가 블랑시의 욕조 위 발판 사다리에 서서 우쿨렐레를 연주할 때, 본/블랑시는 다음과 같이 말한다.

스탠리에게는 딱히 내가 뭐라 집어 말할 수 없는 무언가가 있어. 그의 냄새가 뭔지도 모르겠어. 나는 그가 남자라고 믿지 않아. 그의 섹슈얼리티가 의심스러워. 그의 자세는 진짜가 아니고 진실에서 나오는 것 같지도 않아. 그는 사기꾼이고, 그녀가 자길 믿도록 만들었지. 그리고 그녀가 아이를 가진다면 걔들도 믿게 될 거야. 그리고 그가 죽으면 알게 되겠지. ……그가 벗은 걸 본 적 있어? ……그가 내는 소음, 메이 웨스트 같은 걸음걸이, 관능적인 패션, 이건 정비소에서 일하는 정비사 소년이 아니고 다 계획된 행동이야. 내가 말하고 싶은 건, ……이건 유전적이지 않은 신호들의 학습을 통해 수년 동안 발달한, 계산된 섹슈얼리티라는 거야. 내가 말하고 싶은 건, ……그가 게이(fag)라는 거야. 나처럼 여성이 되는 것에 능숙한 사람만이 그런 미세한 기호들을 알아차릴 수 있지.(172-173쪽)

골똘히 생각에 잠긴 블랑시는 관객들로 하여금, 등장인물, 배우, 그리고 관객에게 사실상 늘 명백했던 스탠리의 여성성에 대한 비밀을 공표할 것이라 예상하도록 유도한다. 대신 블랑시는 스탠리가 '게이'라 말하며 퀴어 섹슈얼리티를 스탠리가 보여주는 남다름의 '알려진 비밀'로 강조하고, 자신은 여성이 아님에도 '여성이 되는' 뛰어난 기술을 가지고 있다고 주장함으로써 자기 비밀 또한 폭로한다. 본/블랑시는 우리가 남성성과 여성성으로 인식하는 것이 사실은 여러 겹의 연기에 불과함을 제시하는 희극적이고 유려한 대사를 통해,

전통적 성 역할의 권위에 흠집을 낸다. 여러 젠더의 거울로 가득한 이 유령의 집에서는 끝이 보이지 않는다.

〈벨 리프리브〉는 사실주의의 자기-심각성을 손상시키는 보드빌의 통상적인 요소들을 활용하여, 가벼운 분위기로 극의 주제들을 퀴어 수행성 및 연기와 연관 짓는다. 1막 끝 부분에서 스텔라와 스탠리는 보드빌과 익살극에서 많은 영향을 받은 미국 코미디언 가족 마크스 형제(Marx Brothers)를 연상시키는 노래를 연습한다. '웃긴 것'에 대한 긴 유희("뭐가 웃긴지 보여줘." "넌 내가 웃긴 걸 보여주길 원하지?" "그래 웃긴 거 보여줘." "그래 보여줄게······ 그게 웃긴 거야." 작품 166쪽)는 스텔라가 스탠리의 소매를 뜯고 병에 든 탄산수를 그에게 뿌린 후 거대한 퍼프로 그의 얼굴에 파우더를 묻히며 끝을 맺는다. 스탠리는 파이를 자신의 얼굴에 던지려 하는 스텔라의 얼굴에 파이를 갑작스레 기울여 복수한다. 〈욕망이라는 이름의 전차〉를 재해석한 이 극에 담긴 친근한 희극적 패턴은 자신들의 주장을 펼치기 위해 그들이 어떠한 문화적 형식이라도 활용할 수 있음을 보여주는 것이다.

익살극에 영감을 받은 다른 장면에서, 쇼/스탠리는 본/블랑시가 손가락을 코에 넣은 것을 보고 극의 진행을 멈춘다.

스탠리 잠깐, 잠깐…… 내가 도와줄 것 없어?

블랑시 휴지 한 장만 줘. 코에 뭐가 낀 것 같아.

스탠리 내가 좀 봐줄까?

블랑시 신경 쓰지 마. 휴지면 될 거야. 아마도 코딱지겠지. (165쪽)

결국 미치도 이에 동참하는데, 셋은 블랑시의 코를 자세히 그리고 열심히 살펴보기 위해 느슨한 극의 흐름을 멈춘다. 그들은 결국 화장지로 집은 것이 '크리스마스 푸딩 한 조각처럼' 보인다는 결론을 내린다(작품 165쪽). 이후 극은 계속 진행되는데, 배우들은 대중문화와 중산층 문화의 소재를 〈벨 리프리브〉의 유용한 도구로 활용한다. 공연은 젠더 역할과 전통적인 성적 욕구가 보여주는 흐름의 규범적 수행에 대한 관객의 기대를 뒤집고, 보드빌, 익살극, 그리고 전통적인 극형식들을 효과적으로 결합시킨다.

노래와 춤은 공연의 보드빌 요소들과 극적 전환 장면들을 연결하는 구두점의 역할을 한다. 극의 역할은 배우들 가운데 균등하게 배분되고, 모든 배우가 노래를 부르고 독백을 한다. 이러한 단순한 형식은 주연 로맨틱 커플에 초점을 두어 남녀가 사귀거나 헤어지는 것에 대한 보편적인 이야기를 전개하고 이를 꾸미는 서브 플롯을 활용하는 사실주의의 경향에 반하는 것이다. 〈벨 리프리브〉에서는 여러 이야기들이 서사의 확고한 중심을 차지하는 스탠리와 블랑시 사이의 갈등을 대체한다. 스탠리와 스텔라, 스탠리와 블랑시, 그리고 미치와 블랑시는 대본에는 없지만 순수한 신체적인 움직임을 즉흥적으로 보여주는, 그들만의 '춤추는 휴식 시간dance breaks'을 몇 분간 가진다. 포스트모던 아방가르드 연극에서 거의 필수적인 것이 된 그러한 순간들은, 모든 사람이 순전히 극장에 함께 있음을 기념하는 듯한 엉뚱하고 우스꽝스러운 춤으로 언어적 텍스트에 개입한다. 〈벨 리프리브〉에서 춤추는 장면들 또한 같은 기능을 수행한다. 그 장면들은 인물들의 관계를 보여줄 뿐 아니라, 텍스트나 이야기보다는 연기와 현존과 관련된 이유로 함께 엮인 커플들을 관객이 응시할 수 있게 한다.

〈벨 리프리브〉가 〈욕망이라는 이름의 전차〉의 비극적 결말을 준비하는 클라이맥스 강간 장면에 도달할 때, 거대한 알전구 그림이 무대를 가로질러 등장한다. 그러나 극은 연약한 희생자 블랑시가 공격적이고 잔혹한 스탠리에게 당하는,

강요된 타락 장면으로 이어지지 않는다. 〈벨 리프리브〉에서는 스탠리가 처음에 눈이 가려진 채 나타나 독백을 한다(쇼는 후에 이 독백을 솔로 공연 〈폐경기 신사〉에서 재활용했다). 쇼/스탠리는 마치 인물의 위협성을 완화시키려는 듯 "당황하지 마세요"라고 관객에게 촉구한다.

> 당황하지 마세요…… 나는 이렇게 태어났어요. 부치로 태어났어요. 나는 너무 퀴어스러워서 그것에 대해 말할 필요도 없어요. 그건 저절로 드러나고 웃기지도 않아요. 부치가 되는 건 웃기지 않아요. 당황하지 마세요. 나는 밤에 산산조각이 난답니다. 나는 다른 사람들의 수천 개 다른 부분들을 한 몸에 으깨어 합친 것과 같은 존재예요. 나는 원형적(original) 인간이 아니에요. 나는 이 모든 조각들을 가지고 그것들이 침대 밑으로 쓸리기 전에 바닥에서 낚아채어 나 자신을 만든답니다.(177쪽)

쇼/스탠리는 자기의 두려운 남성성이 오랜 역사를 통해 형성되고 퀴어화한 것임을 관객들에게 설명하며 재확인시킨다. 화난 노동자 계층 남성을 연기하는 부치인 쇼는 "이렇게 태어났다"고 말한다. 그러나 쇼가 "이렇게 태어났다"라고 말할 때는 천성적인 것이 아닌 늘 이미 외형적인 것에 불과한 남성성 연기를 가리킨다. 쇼는 마치 물고기 비늘과 같이 자신에게서 떨어져 나오는 타인들의 조각들로 자신을 만들어낸다. 또한 문화적 폐기물 조각들을 재조립하여 자기 남성성을 만들어내고, 그러한 젠더의 재현을 통해 공연을 구상한다. 쇼는 '폐기 쇼'라는 인물이 〈벨 리프리브〉 혹은 〈욕망이라는 이름의 전차〉의 '스탠리 코왈스키'만큼 사실적임을 제시한다. 허구적이든 '사실적'이든, 이데올로기의 주체는 타인의 조각들로 만들어지는데, 이것은 서로의 모습을 발견하는 각자의 자아 재현 속에 나타난 상호 연결성을 보여주는 희망적인 개념이다. 그러한 고백을 통해 쇼/스탠리가 자신을 더 해체하고 원작에서 그 인물이 상징하는 위험을 중화시키고 있음을 알 수 있다.

강간 장면의 마지막 전주곡에서 미치는 조지 거슈윈의 「내가 사랑하는 남자」 스타일의 곡을 부르고, 다른 인물들은 특별한 이유 없이 중국식 전등갓 의상을 입고 노래에 맞추어 탭댄스를 춘다. 그들이 춤을 추면서 노래가 망가지기 시작하는데, 아마도 그들 자신의 의상에 의해 시야가 가려졌기 때문일 것이다. 무대 지시문에 따르면 '관객은 그들이 의상 아래에서 웅얼거리는 소리를 듣기 시작한다'(작품 178쪽).

블랑시　오, 우리 뭐 하는 거지? 참을 수가 없어! 나는 진짜 연극을 하고 싶어! 진짜 무대가 있는! 하얀 전화기, 프랑스 스타일의 창문, 시작, 중간과 끝이 있는 연극! 이건 내가 한 것 중 가장 이해가 안 되는 작품이야. 빨간 플러시 천이 뭐가 문제야? 주제와 우리가 따라갈 수 있는 플롯이 있으면 안 되나?

스텔라　이미 다 이야기했잖아. 사실주의는 우리랑 안 맞는 거라고 결정했고…….

블랑시　그런데 나는 전이 더 나았던 것 같아. 내가 맞출 수 있었거든. 대사 외우고 가구에 걸려 넘어지지만 않으면 됐어. 모든 게 아주 명확했지. 그리고 우리는 여기서 아방가르드 스타일로 뛰놀고 있고 그밖에 다른 건 모르겠어. 난 엄마가 와서 좋은 시간을 보내길 바라. 엄마는 일흔셋이셔. 내가 너무 나이 들기 전에 로미오 역을 맡길, 우리 엄마가 기대하고 있는 거 알지? 엄마한테 뭐라고 말해야 해? 내가 드래그 퀸 하는 거 좋아한다고? 엄마가 못 견디실 거야. 난 알아. 엄마는 내가 TV에서 보는 것처럼 사실적인 직업을 가진 사실적인 역할을 하는 사실주의적인 작품을 하길 원해.(179쪽)

사실주의의 효용성에 대한 비평적인 논쟁을 상기시키며, 피란델로 스타일*의 인물들은 중국 전등갓 의상 아래 숨어 그들의 운명에 대해 이야기한다. 실체 없는 목소리는 아방가르드에서 그들이 맞이하는 운명을 한탄한다. 본/블랑시의 우스꽝스러운 통곡은 사실주의에 대한 재치 있고 아이러니한 비판을 제시하지만, 슬픈 진실은 드래그 퀸들은 아마도 로미오 역할을 맡기는커녕 TV에서 사실적인 직업을 가진 사실적인 인물을 결코 맡지 못할 거란 점이다. 미국과 영국 TV에 등장하는 극소수의 LGBTQ 인물들은 사실적인 직업을 가진 사실적인 인물로 재현되는 경우가 극히 드물다. 여전히 그들은 자신들만의 커뮤니티에서 고립된 희극적 구원투수로서, 종종 이성애자 주연들을 부각시키는 대조적 조연 (포장지 역할)을 맡는다.

본/블랑시의 불만에 도전받은 배우/인물들은 사실주의를 시도해보기로 한다. 쇼/스탠리는 모든 걸 쏟아붓는다. '그는 맥주를 따서 흔들고 무대에 뿌린 뒤, 자기 머리에 붓고 나서

---

* 'Pirandello-esque'는 인간 실존의 철학적 주제를 지적이면서 어두운 유머로 풀어내는, 이탈리아의 부조리극 작가 루이지 피란델로(Luigi Pirandello, 1867-1936)의 작품 스타일을 가리키는 형용사이다.

마신다.'(작품 179쪽) 그러나 본/블랑시는 잠깐 동안도 사실주의를 유지하지 못한다. 쇼/스탠리가 공격적으로 힘을 써서 블랑시가 방을 지나지 못하게 하자 "이 장면 꼭 연기해야 해?"라고 묻는다.(작품 180쪽) 스탠리가 계속 위협하자, 블랑시는 신발 한 짝을 벗고 그에게 경고한다. 스탠리는 블랑시의 팔을 잡고 말한다.

스탠리 뾰족구두 내려놔!

블랑시 넌 내가 미쳤다고 생각해?

스탠리 연극에 출연하고 싶으면, 구두 내려놔.

블랑시 당신이 연극에 출연하고 싶으면, 내가 내려놓게 만들어!

스탠리 여자 역할을 연기하고 싶으면, 이 극의 여자 인물은 강간당하고 결국 미쳐버린다는 걸 알아둬.

블랑시 나는 강간당하고 미치고 싶지 않아. 멋진 드레스를 입고 싶을 뿐인데, 나한테 준 거지 같은 옷 좀 봐!(181쪽)

스텔라와 미치는 신나서 장면에 끼어들며, 다시 한번 극의 흐름을 옆으로 새게 만든다. 그들은 블랑시와 스탠리를 향해 노래를 부르며 예기치 않던 커플을 재결합시킨다.

위버/스텔라는 셰익스피어 희극을 연상케 하는 결말로 〈벨 리프리브〉를 끝맺는다. 관객에게 "이해하셨나요? 누가 누구고 뭐가 뭔지, 누가 무얼 얻고 또 토스터기는 어디 꽂혔는지를? 원하던 걸 얻으셨나요?"라고 직접적으로 묻는다(작품 182쪽). 그런데 극의 이야기는 대사만이 아닌, 퀴어 배우들의 신체로 재현되는 젠더, 섹슈얼리티, 연극에 대한 다양하고 때로는 서로 상충하는 모순적이고 무분별한, 진지하면서도 웃기고 슬픈 서사들을 통해 전달된다. 극은 「나는 내 예술을 사랑해」라는 앙코르 곡과 함께 막을 내린다.

나는 내 예술의 화려함과 드라마를 사랑해

나는 내 예술을 사랑해 사랑해 사랑해

나는 그 화려함을 사랑해 그것의 드라마를 사랑해

나는 내 예술을 사랑해 사랑해 사랑해(183쪽)

기교와 캠프를 통해, 그리고 셰익스피어에서부터 현재에 이르기까지의 서양 연극 전통을 발굴하고 패러디함으로써, 〈벨 리프리브〉는 우리의 정체성이 자연스러운 것이 아니라거나 혹은 우리가 무대 밖에서는 자신을 연기하지 않는다는

의심스러운 주장을 반박하며, 젠더와 섹슈얼리티에 대한 유
희를 벌인다.

새로운 관객들:
성가대용 설교를 넘어

〈벨 리프리브〉는 '퀴어'의 의미를 적극적으로 해석하여 한때 비규범적 성적 지향을 노골적으로 금지하고 폄하하거나 혹은 보이지 않도록 숨긴 문화적 유산을 해체하는, 퀴어적 연극과 공연의 한 종류일 뿐이다. 배우들이 극에 삽입한 LGBTQ 소재를 관객이 이해하기 위해서는 윌리엄스의 원작에 대한 지식이 필요하지만, 극은 성 정체성을 고정된 것으로 보는 관점을 거부하는 영미권 퀴어 연극의 특징을 보여주는 좋은 예이다. 그러한 포스트모던 공연은 연극과 젠더와 섹슈얼리티의 관습을 불손하게 거스르는 것을 즐기는 관객들에게 지속적으로 어필하는 반면, 다른 LGBTQ 공연은 다른 지역 커뮤니티의 레즈비언, 게이, 이성애, 트랜스젠더, 퀴어 정체성을 반영하는 좀더 사실주의적이고 현실적인 이야기와 경험의 아카이브를 구축하기도 한다. 다양한 삶, 꿈, 그리고 욕망을 아우르는 정치적이고 대중적인 재현이 흔한 21세기에는 초월적인 LGBTQ 공동체의 신화가 더는 존재하지 않는다.

공연 스타일, 형식, 내용, 관객의 다양화와 증가로 LGBTQ 연극은 더욱 발전하게 되었다. 와우 카페, 하이웨이, 드릴 홀뿐 아니라 오랜 역사를 지니는 샌프란시스코의 코뿔소 극장과 보스턴의 불쾌극장(Theatre Offensive) 등 게이, 레즈비언, 퀴어 정체성을 표방하는 몇몇 공연장들은 여전히 활성화되어 있다(수전 매컬리Susan McCully의 「얼마나 퀴어스러운가How Queer」(1997) 참조). 그러나 그들이 유치하는 관객은 더는 LGBTQ에 한정되어 있지 않다. 많은 LGBTQ 연극이 영미권의 게이와 레즈비언 커뮤니티에서 그들의 복잡한 삶을 반영하며 시작되었지만, 이제 레즈비언과 게이 드라마는 이러한, 소위 말하는 개종자에게 설교하는 방식을 통해서만 창조되고 수용되지 않는다(밀러Miller와 로만Román, 「개종자에게 설교하기 Preaching to the Converted」 참조). 한때 실제로 그러한 삶을 살았던 사람들에 의해서만 게이, 레즈비언, 퀴어적 경험을 재현하라고 요구했던 진실성(authenticity)의 기준은, 21세기에 와서 무대 위 혹은 영화 스크린에서 누구나 대안적인 성 정체성의 문제를 다루고 연기하고 또 감상할 수 있도록 하는 개방된 기준으로 점차 완화했다. 해리 헤이(Harry Hay)의 매터신협회 설립을 다룬 존 모런스(Jon Morans)의 〈괴팍한 사람들The Temperamentals〉은 2009년 오프브로드웨이 배로 그룹 스튜디오극장(The Barrow Group Studio Theatre)에서 공연되었을 때 동성애와 이성애자 배우들을 모두 캐스팅했는데, 그 중에는 최근 미국 주요 LGBTQ 잡지 『옹호자The Advocate』를 통해 '게이'라는 단어 대신 자신이 고집하는 '퀴어'로 커밍아웃한, TV시리즈 〈못난 베티Ugly Betty〉의 출연 배우 마이클 유리(Michael Urie)도 있었다. 배우들의 성적 지향은 풍문을 통해 간접적으로 알려졌지만, 그것이 연기의 전달력이나 사실성에 영향을 끼치지는 않았다. 쇼타임 방송국의 시리즈 〈간호사 재키Nurse Jackie〉에서 이브 베스트(Eve Best)가 연기하는 의사는, 병원에서 남자 간호사와 빠르고 추저분한 성관계를 가진다. 둘이 격렬하게 서로를 끌어안을 때, 간호사가 "난 여자친구가 있어요"라고 하자 의사는 "나도 그래"라고 답한 후 키스를 계속한다. 다음 에피소드에서 베스트가 연기하는 의사는 종종 만나던 여자 친구를 다시 자기 삶 속으로 환영하며 받아들인다. 베스트가 레즈비언 혹은 양성애자인지는 전혀 중요하지 않다. 베스트가 열정과 에너지로 연기하는 이 역할은, 경험 많은 배우에게 맛깔나게 복잡하고 매력적이면서 웃음을 유발할 수 있는 역할을 제공한다.

공동체 혹은 사회 운동 지향적인 연극은 다양한 LGBTQ 사람들을 지탱하지만, 레즈비언, 게이, 퀴어 연극은 동화주의나 진보적 성향, 혹은 내용, 의도, 형식의 퀴어적 특징과 상관없이 더 빈번히 주류 문화에 확산된다. 리사 크론의 〈건강〉을 2006년 브로드웨이 롱에이커 극장(Longacre Theatre)에서 공연했을 때, 크론과 크론이 연기한 인물의 섹슈얼리티는 완전히 공개된 것이었다. 그럼에도 크론과 연출자/조력자 리 실버맨(Leigh Silverman)이 레즈비언(혹은 유대계)이라는 사실은 그가 창조하고 연기한 등장인물의 다른 특징들보다 덜 부각되었다. 미국에서 아웃팅한 게이로서 최초로 공직자로 선출된 하비 밀크(Harvey Milk)의 정치적이고 개인적인 삶을 다룬 2008년 아카데미상 수상작 〈밀크Milk〉는 두 백인 게이 남성이 각본을 쓰고 연출했는데, 게이 남성과 레즈비언 역할

대부분은 밀크 역을 맡은 숀 펜(Sean Penn)과 그의 연인을 연기한 제임스 프랭코(James Franco)와 같은 이성애자 배우들이 연기했다. 이러한 캐스팅에 대해 어느 누구도 진실성이나 설득력이 떨어진다고 이의를 제기하지 않았고, 오히려 펜은 오스카상 최우수 연기상을 받기까지 했다.

모순적으로 들릴 수 있지만, 오늘날에는 LGBTQ 극의 대본이나 역할을 누가 창조하고 연출하고 연기하는가의 문제가 10년, 혹은 20년 전보다는 덜 시급한 사안이라 해도, LGBTQ 예술가들이 모든 예술의 영역에서 그들의 활동에 대해 좀더 인정받을 수 있도록 지지해주는 것은 여전히 중요하다. '도래arrival'의 의미를 과대평가하는 것은 함정이 될 수 있다. 다시 말해, 지난 30년 동안 미국과 영국 문화에서 많은 변화가 일어나기도 했지만, 그러한 변화는 천천히, 그리고 작은 변화들이 차곡차곡 쌓여서 일어났다. 정치적 역사는 지배 문화가 얼마나 쉽게 원래의 규범으로 회귀할 수 있는지 보여준다. 21세기에는 게이 남성, 레즈비언, 이성애자, 트랜스젠더 들을 위한 인상적인 사회적 진보가 있었다. 캐나다, 스페인, 네덜란드, 남아프리카공화국, 덴마크를 포함한 많은 서양 국가들이 동거 관계(domestic partnership) 혹은 합법적 동성 결혼(civil union) 정책을 수립했다. 영국에서는 2003년까지 28조 조항이 동성애자들과 게이 관련 소재를 가르치거나 그것을 용인한 사람들의 권리를 위협했으나, 2004년 이래로 동성 부부 관계가 합법화했다. 미국 헌법 재판소의 텍사스주 남색법(sodomy law) 폐기 결정, 아이오와, 버몬트, 매사추세츠, 코네티컷, 뉴햄셔주의 동성 결혼 합법화와 다른 주의 동성 결혼 관련 법안 통과, 미국에서 가장 크고 정치적으로 보수적인 고용주 중 하나인 월마트가 반차별 조항에 성적 지향을 추가한 것 등은 모두 진보적인 변화의 상징이다.

다른 한편으로, 2010년 봄 미국에서 진보적인 주 중 하나인 뉴저지에서는 동성 결혼 투표가 부결되어 LGBTQ 결혼의 이차적인 지위가 유지되었다. 미국의 트랜스젠더들은 공문서상에 부여된 성별을 바꾸는 것과 그 방법론에 대해 종종 의견이 다른 도시, 주, 연방 정부 들과 분투하며, 그들의 권리를 위해 계속 싸우고 있다. LGBTQ 사람들에 대한 비인간적인 혐오 범죄는 지속적으로 보고되고 있다. 한 예로, 2008년 캘리포니아주 옥스나드에서는 15세 트랜스젠더 학생인 로런스 킹이 같은 고등학교 동료 학생의 총에 맞아 살해되었는데, 살해의 동기는 그의 비규범적인 젠더 지향으로 추정된다. 빌 클린턴 대통령의 서명으로 연방법이 된 결혼보호법(Defense of Marriage Act)은 여전히 이성애 관계를 강요하고 있으며, 그것을 지키기 위한 강력한 정치적 움직임을 감안할 때 이 법은 빠른 시일 내에 쉽게 뒤집히지 않을 것이다.* 2008년 헌법 재판소 항고를 통해 캘리포니아에서 동성 결혼이 합법화한 후, 불과 몇 달 지나지 않아 투표권자들이 8번 제안(Proposition 8)을 통과시켰는데, 이것은 남성과 여성 사이의 결혼만 합법적이라고 한정하도록 주 헌법을 개정하여 동성 결혼을 금지한 것이다. 미국의 종교적 우파는 이러한 부당한 책략을 재정적으로 지원하고 홍보할 뿐 아니라, LGBTQ 관계를 인정하고 합법화시켜달라는 모든 요구를 맹렬히 비난하며 우리가 사회적으로 이룩한 것들에 대한 지속적인 반발심을 조장한다. 커비 딕(Kirby Dick) 감독의 영화 〈분노Outrage〉(2009)에 따르면, 많은 미국의 정치가들은 자신들의 비밀스러운 LGBTQ 섹슈얼리티를 아무도 의심하지 않도록 숨기는 벽장(closet)을 조심스럽게 만들고, 퀴어인

---

* 본 원서 출간 5년 뒤인 2015년, 미국 연방대법원(the Supreme Court)은 미국 50개 주에서 동성결혼을 합법화하였다. 아울러 클린턴 대통령이 서명한 결혼보호법은 2022년 조 바이든(Joe Biden) 대통령에 의해 철회되었다.

들의 권리에 반대하는 법을 만들기 위해 그들의 권력을 이용한다. 미국의 국회의원, 판사, 시의원 들뿐 아니라 버락 오바마와 같은 진보적 대통령들도 자신들의 정치적 신념과 상관없이 정치적 보복에 대한 두려움으로 퀴어 공동체의 성적·인종적·문화적·젠더적 다양성을 온전히 포용하기를 꺼린다. LGBTQ 문제들은 강력한 힘을 지닌 정치인들의 우선 순위 목록에서 (매우 빈번히) 가장 마지막에 추가된다.

LGBTQ 인권과 어렵게 달성했으나 여전히 불안정한 우리의 문화적 위치를 감안할 때, 정치적이고 비판적인 전략으로서 날카로운 분석과 깊이 있는 이해는 여전히 중요하다. 나는 『연극 그리고 섹슈얼리티』가 LGBTQ 공연뿐 아니라, 우리가 누구이고 또 어떻게 다른 이들과 살아갈지 가르쳐주는 모든 연극, 영화 그리고 TV 속 재현에 대한 사려 깊고 윤리적으로 대응하기 위한 유용한 도구들을 제공했기를 바란다.

더 읽을거리

젠더는 종종 LGBTQ 연극과 공연에 대한 학문적 연구를 두 갈래로 나눈다. 커틴(Curtin)의『우리는 그들을 늘 불가리아인들이라 부를 수 있다We Can Always Call Them Bulgarians』(1987), 드 종(de Jongh)의『관객 앞에서는 말고Not in Front of the Audience』(1992), 클럼(Clum)의『게이 연기Acting Gay』(1992)와 같은, 연극 분야에서 레즈비언과 게이 남성의 역사를 다루는 가장 초기의 저서와 작품집은 그 내용을 확실히 남성의 관점에서 다루었다. 후에 출판된 미국과 영국 LGBTQ 연극의 주요 개요서인 신필드(Sinfield)의『무대 위의 커밍아웃Out on Stage』(1999)도 레즈비언 공연에 대해서는 언급을 거의 하지 않는다. 스플리트 브리치즈의 연극을 모은 수-엘런 케이스의 1996년 편저와 나의 두 저서 『비평가로서의 페미니스트 관객The Feminist Spectator as Critic』(1988)과 『현존과 욕망Presence and Desire』(1993)과 같은 레즈비언과 페미니스트 문헌들이 이러한 배제를 경감시켰지만, 대개 레즈비언 희곡과 공연에만 초점을 두었다.

후기 구조주의와 수용 이론의 영향은 멀비의 「시각적 유희와 서사 영화」와 같은, 영화와 TV 연구를 차용하는 것에서 나타나는데, 이제는 고전이 된 젠더화한 응시에 대한 멀비의 주장은 관객이 섹슈얼리티 차이를 해독하는 데 도움을 준다. 『완벽하게 퀴어로 만들기』에서 전개된 '퀴어적으로 보기'에 대한 도티의 주장은 독자 반응 이론과 수용 연구를 도입하여, 반드시 퀴어가 되지 않더라도 누구나 퀴어적 관람의 습관을 실천할 수 있음을 암시한다. 이러한 존재론(혹은 존재에 대한 초점)에서 실천으로의 전환은 LGBTQ 연극 활동에 대해 생각하는 데 생산적인 결과를 낳았다. 스테이시 울프의 『마리아와 같은 문제』는 LGBTQ 수용 이론에 대한 유용한 요약을 제공하고, 미국의 대중적인 브로드웨이 뮤지컬 연극을 레즈비언적 관점에서 읽는 데 적용한다.

LGBTQ 연극을 이해하는 데에 문화적 역사는 매우 중

연극 그리고 섹슈얼리티

요하다. 섕크(Schanke)와 마라(Marra)의 『통과 연극*Passing Performances*』(1998)은 19세기와 20세기 연극의 LGBTQ 예술가들을 소개한다. 로빈 번스타인(Robin Bernstein)의 『버림받은 자들 *Cast Out*』(2006)은 미국의 레즈비언과 게이 연극인들의 자서전적 회상을 모은 책이다. 스코트-바텀스(Scott-Bottoms)의 『언더그라운드 연기*Playing Underground*』(2004)는 현재 뉴욕에서 번창하고 있는 오프-오프브로드웨이 설립의 맥락에서 미국의 LGBTQ 연극 운동을 논의한다. 웬들 스톤의 2005년 역사서는 기념비적 공연장인 카페 치노의 연대기이다. 로만의 『개입의 행동 *Acts of Intervention*』(1998)은 에이즈에 관한 연극과 공연의 역사를 설명한다. 스톤월 항쟁에 대한 듀버맨(Duberman)의 1993년 구술 역사서와 디밀리오와 프리드먼의 영향력 있는 책『사적인 문제들』과 더불어 촌시의 기반적 저서 『게이 뉴욕』은 연극과 공연이 중심 역할을 했던, 레즈비언과 게이 문화의 역사를 서술한다.

이론과 비평은 그것의 아카이브를 구성하는 연극과 공연과 함께 연극과 성 정체성을 공부하는 데 중요한 요소로 남아 있다. 데이비드 새브런의 『공산주의자, 카우보이, 그리고 퀴어』는 정전을 섹슈얼리티의 관점에서 다시 읽는 모델을 제시한다. 펠런의『무표*Unmarked*』(1993)는 여전히 동시대 퀴어 공연 이론에 영향을 끼치고 있다. 세지윅의『벽장의 인식론』과 버틀러의『젠더 트러블』은 다양한 학문 분야를 넘어 새로운 세대의 학자들을 주체에 대한 후기 구조주의적 이해로 이끈다. 무뇨스(Muńoz)의『탈동일시*Disidentifications*』(1999)와 아리존(Arrizón)의『멕시코 정체성의 퀴어화*Queering Mestizaje*』(2006)는 이러한 관점들을 섹슈얼리티와 인종의 교차 지점에 적용한다. 마지막으로, 로만의『미국의 공연*Performance in America*』(2005)은 LGBTQ 연극, 솔로 공연, 퀴어적 읽기와 수용 전략을 20세기와 21세기 미국 연극 역사와 동시대 실천 사례들 속에 통합하여, 그것이 더 큰 주류 문화로 흡수되었을 때 때때로 긍정적인 결과를 낳을 수 있음을 제시한다.

Arrizón, Alicia. *Latina Performance: Traversing the Stage*. Bloomington: Indiana UP, 1999.

—. *Queering Mestizaje: Transculturation and Performance*. Ann Arbor: U of Michigan P, 2006.

Bernstein, Robin, ed. *Cast Out: Queer Lives in Theater*. Ann Arbor: U of

Michigan P, 2006.

Bonney, Jo. *Extreme Exposure: An Anthology of Solo Texts from the Twentieth Century*. New York: Theatre Communications Group, 1999.

Bottoms, Stephen J. *Playing Underground: A Critical History of the 1960s Off-Off Broadway Movement*. Ann Arbor: U of Michigan P, 2004.

Butler, Judith. *Gender Trouble*. New York: Routledge, 1990.

Case, Sue-Ellen. *The Domain-Matrix: Performing Lesbian at the End of Print Culture*. Bloomington: Indiana UP, 1999.

—, ed. *Split Britches: Lesbian Practice/Feminist Performance*. New York: Routledge, 1996.

—. 'Towards a Butch-Femme Aesthetic' [1988]. Rpt. in *Feminist and Queer Performance: Critical Strategies*. Ed. Sue-Ellen Case. New York: Palgrave Macmillan, 2009. 31-48.

Chauncey, George. *Gay New York: Gender, Urban Culture, and the Makings of the Gay World, 1890-1940*. New York: Basic Books, 1994.

Cleto, Fabio, ed. *Camp: Queer Aesthetics and the Performing Subject, A Reader*. Ann Arbor: U of Michigan P, 1999.

Clum, John. *Acting Gay: Male Homosexuality in Modern Drama*. New York: Columbia UP, 1992.

—. *Something for the Boys: Musical Theatre and Gay Culture*. New York: St. Martin's, 1999.

—. *Staging Gay Lives: An Anthology of Contemporary Gay Theatre*. Boulder, CO: Westview, 1996.

—. *Still Acting Gay: Male Homosexuality in Modern Drama*. Updated edition. New York: St. Martin's, 2000.

Curb, Rosemary, ed. *Amazon All Stars: Thirteen Lesbian Plays, with Essays and Interviews*. New York: Applause, 1996.

Curtin, Kaier. *We Can Always Call Them Bulgarians: The Emergence of Lesbians and Gay Men on the American Stage*. Boston, MA: Alyson, 1987.

Davis, Jill, ed. *Lesbian Plays*. London: Methuen, 1987.

Davy, Kate. *Lady Dicks and Lesbian Brothers: Staging the Unimaginable at the WOW Café Theatre*. Ann Arbor: U of Michigan P, forthcoming.

de Jongh, Nicholas. *Not in Front of the Audience: Homosexuality on Stage*. Hoboken, NJ: Taylor & Francis, 1992.

D'Emilio, John, and Estelle B. Freedman. *Intimate Matters: A History of Sexuality in America*. Chicago, IL: U of Chicago P, 1988.

Doane, Mary Ann. 'Film and the Masquerade: Theorising the Female Spectator.' *Screen* 23 (1982): 74-87.

Dolan, Jill. 'Blogging on Queer Connections in the Arts and the Five Lesbian Brothers.' *GLQ: A Journal of Lesbian and Gay Studies* 12.3 (2006): 491-506.

Dolan, Jill. *The Feminist Spectator as Critic*. Ann Arbor: UMI Research P, 1988. Rpt. U of Michigan P, 1991.

—. *Geographies of Learning: Theory and Practice, Activism and Performance*. Middleton, CT: Wesleyan UP, 2001.

—. 'Lesbian and Gay Drama.' *A Companion to 20th Century American Drama*. Ed. David Krasner. Malden, MA: Blackwell, 2005. 486-503.

—. ' "Lesbian" Subjectivity in Realism: Dragging at the Margins of Structure and Ideology.' *Performing Feminisms*. Ed. Sue-Ellen Case.

Baltimore, MD: Johns Hopkins UP, 1990. 40-53.

—, ed. *Menopausal Gentleman: Peggy Shaw, Solo Performances*. Ann
Arbor: U of Michigan P, forthcoming.

—. *Presence and Desire: Essays on Gender, Sexuality, Performance*. Ann
Arbor: U of Michigan P, 1993.

—. 'Seeing Deb Margolin: Ontological Vandalism and Radical
Amazement.' Introduction to Deb Margolin's *Index to Idioms*, and 'A
Slave to Synaesthesia,' an interview with Margolin. *TDR: The Journal
of Performance Studies* 52.3 (2008): 98-117.

—. *Utopia in Performance: Finding Hope at the Theatre*. Ann Arbor: U of
Michigan P, 2005.

Doty, Alexander. *Making Things Perfectly Queer: Interpreting Mass
Culture*. Minneapolis: U of Minnesota P, 1993.

Duberman, Martin. *Stonewall*. New York: Penguin, 1993.

Edelman, Lee. *No Future: Queer Theory and the Death Drive*. Durham,
NC: UP, 2004.

Fisher, James, ed. '*We Will Be Citizens*': *New Essays on Gay and Lesbian
Theatre*. Jefferson, NC: McFarland, 2008.

Five Lesbian Brothers. *The Five Lesbian Brothers: Four Plays*. New York:
Theatre Communications Group, 2000.

Freeman, Sandra. *Putting Your Daughters on the Stage: Lesbian Theatre
from the 1970s to the 1990s*. London: Cassell, 1997.

Goddard, Lynette. *Staging Black Feminisms: Identity, Politics,
Performance*. New York: Palgrave Macmillan, 2007.

Goodman, Lizbeth. *The Routledge Reader in Gender and Performance*.

NEW York: Routledge, 2002.

Halberstam, Judith. *Female Masculinity*. Durham, NC: Duke UP, 1998.

Harbin, Billy J., Kim Marra, and Robert A. Schanke, eds. *The Gay and Lesbian Theatrical Legacy: A Biographical Dictionary of Major Figures in American Stage History in the Pre-Stonewall Era*. Ann Arbor: U of Michigan P, 2005.

Hart, Lynda. *Between the Body and the Flesh: Performing Sadomasochism*. New York: Columbia UP, 1998.

——. *Fatal Women: Lesbian Sexuality and the Mark of Aggression*. Princeton, NJ: Princeton UP, 1994.

Hart, Lynda, and Peggy Phelan. 'Queerer Than Thou: Being and Deb Mongolian.' *Theatre Journal* 47.2 (1995): 269-82.

Hodges, Ben, ed. *Forbidden Acts: Pioneering Gay and Lesbian Plays of the Twentieth Century*. New York: Applause, 2003.

Hoffman, William. *Gay Plays: The First Collection*. New York: Avon, 1979.

Hughes, Holly. *Clit Notes: A Sapphic Sampler*. New York: Grove, 1996.

Kim, Ji Hye. 'Performing Female Masculinities at the Intersections of GEnder, Class, Race, Ethnicity, and Sexuality.' Diss. University of Texas at Austin, 2007.

Kron, Lisa. *2.5 Minute Ride and 101 Humiliating Stories*. New York: Theatre Communications Group, 2001.

——. *Well*. New York: Theatre Communications Group, 2006.

Marra, Kim, and Robert A. Schanke, eds. *Staging Desire: Queer Readings of American Theater History*. Ann Arbor: U of Michigan P, 2002.

Martin, Carol, ed. *Sourcebook on Feminist Theatre and Performance*: *On and Beyond the Stage*. New York: Routledge, 1996.

McCully, Susan. 'How Queer: Race, Gender and the Politics of Production in Contemporary Gay Lesbian and Queer Theatre.' Diss. University of Wisconsin-Madison, 1997.

Meyers, Morris. ' "I Dream of Jeannie": Transsexual Striptease as Scientific Display.' *TDR*: *The Journal of Performance Studies* 35.1(1991): 25-42.

Miller, D. A. *Place for Us*: *Essay on the Broadway Musical*. Cambridge, MA: Harvard UP, 1998.

Miller, Lynn, Jacqueline Taylor, and Heather Carver, eds. *Voices Made Flesh*: *Performing Women's Autobiography*. Madison: U of Wisconsin P, 2003.

Miller, Tim. *Body Blows*: *Six Performances*. Madison: U of Wisconsin P, 2002.

Miller, Tim. *1001 Beds*: *Performances, Essays, and Travels*. Madison: U of Wisconsin P, 2006.

Miller, Tim, and David Román. 'Preaching to the Converted.' *Theatre Journal* 47.2 (1995): 169-88.

Minwalla, Framji, and Alisa Solmon, eds. *The Queerest Art*: *Essays on Lesbian and Gay Theatre*. New York: New York UP, 2002.

Mulvey, Laura. 'Visual Pleasure and Narrative Cinema.' *Screen* 16.3 (1975): 6-18.

Muñoz, José Esteban. *Disidentifications*: *Queers of Color and the Performance of Politics*. Minneapolis: U of Minnesota P, 1999.

—. ' "Memory Performance": Luis Alfaro's Cuerpo Politizado.' *Corpus Delecti: Performance Art of the Americas*. Ed. Coco Fusco. New York: Routledge, 2000. 97–113.

Newton, Esther. *Mother Camp: Female Impersonators in America*. Chicago, IL: U of Chicago P, 1979.

Phelan, Peggy. *Unmarked: The Politics of Performance*. New York: Routledge, 1993.

Román, David. *Acts of Intervention: Performance, Gay Culture, and AIDS*. Bloomington: Indiana UP, 1998.

—. *Performance in America: Contemporary U.S. Culture and the Performing Arts*. Durham, NC: Duke UP, 2005.

Román, David, and Holly Hughes, eds. *O Solo Homo: The New Queer Performance*. New York: Grove, 1998.

Savran, David. *Communists, Cowboys, and Queers: The Politics of Masculinity in the Work of Arthur Miller and Tennessee Williams*. Minneapolis: U of Minnesota P, 1992.

—. *A Queer Sort of Materialism: Recontextualizing American Theater*. Ann Arbor: U of Michigan P, 2003.

Schanke, Robert A., and Kim Marra, eds. *Passing Performances: Queer Readings of Leading Players in American Theater History*. Ann Arbor: U of Michigan P, 1998.

Sedgwick, Eve Kosofsky. *Epistemology of the Closet*. Berkeley: U of California P, 1990.

Shewey, Don, ed. *Out Front: Contemporary Gay and Lesbian Plays*. New York: Grove, 1988.

Sinfield, Alan. *Out on Stage: Lesbian and Gay Theatre in the Twentieth Century*. New Haven, CT: Yale UP, 1999.

Stone, Wendell. *Caffe Cino: The Birthplace of Off-Off-Broadway*. Carbondale: South Illinois UP, 2005.

Troyano, Alina, with Ela Troyano and Uzi Parnes, edited by Chon Noriega. *I, Carmelita Tropicana: Performing between Cultures*. Boston, MA: Beacon, 2000.

Wilson, James. ' "Ladies and Gentlemen, People Die": The Uncomfortable Performances of Kiki and Herb.' '*We Will Be Citizens': New Essays on Gay and Lesbian Theatre*. Ed. James Fisher. Jefferson, NC: McFarland, 2008. 194-212.

Wolf, Stacy. ' "Defying Gravity": Queer Conventions in the Musical Wicked.' *Theatre Journal* 60.1 (2008): 1-21.

—. *A Problem Like Maria: Gender and Sexuality in the American Musical*. Ann Arbor: U of Michigan P, 2002.

감사의 글

먼저 〈연극 그리고〉 시리즈의 뛰어난 편집을 통해 해당 분야에 매우 가치 있는 기여를 한 젠 하비와 댄 로벨라토에게 감사의 말을 전한다. 그들의 시리즈에 저자로 참여하게 되어 영광이다. 짧은 책이라도 때로는 긴 책보다 더 많은 지원과 도움이 필요한데, 간결하게 쓰려면 생각을 구체화하고 단어 선택에 신중해야 하기 때문이다. 많은 이들의 도움으로 이러한 어려움을 극복할 수 있었다. 애드리언 브라운(Adrienne Brown)은 능숙하고 효율적인 연구 지원을 제공하며, 때로는 어리석은 나의 요청을 한 번도 비웃지 않았다. 데이비드 새브런의 너그러운 검토는 나의 생각과 글을 발전시키고 날카롭게 만드는 데 도움을 주었다. 폴그레이브(Palgrave) 출판사 케이트 헤인즈(Kate Haines)의 상세한 편집 과정 지휘와 비디아 자야프라카시(Vidhya Jayaprakash)와 팀의 꼼꼼한 교열과 출판 작업에 대해서도 감사하게 생각한다. 캐시 해너바(Cathy Hannabach)는 매우 짧은 시간 내에 아주 훌륭한 색인을 만들어주었는데, 내 단어들에 대한 세심한 검토에 감사한다. 그리고 나를 캐시와 연결시켜준 게일 샐러몬(Gayle Salamon)에게도 감사를 표한다. 홀리 휴즈는 사실 확인 작업을 도움으로써 나를 편하게 해주었다. 덕분에 휴즈의 공연을 보고, 해석하고, 또 그것에 대해 가르치며 느꼈던 즐거움이 떠올랐다. 경외할 만한 듀오 로이스 위버와 페기 쇼, 그리고 블루립스 멤버들 덕분에 〈벨 리프리브〉에 오랫동안 몰두할 수 있었는데, 그들의 재치와 통찰력으로 인해 매번 작품을 읽을 때마다 놀라움과 기쁨으로 크게 웃었다. 팀 밀러의 서문은 개인적으로 큰 영광이며, 오랫동안 쌓아온 서로에 대한 감탄, 존경과 사랑을 담고 있다.

앞서 데이비드 크래즈너(David Krasner)의 편저 『20세기 미국 드라마 참고 서적A Companion to Twentieth-Century America Drama』 (2005)에 수록했던 나의 에세이 「레즈비언과 게이 드라마」

(486-503쪽)를 대폭 수정하여 이 책에 포함시킬 수 있도록 허락해준 와일리-블랙웰(Wiley-Blackwell) 출판사와 〈벨 리프리브〉 인용을 허락해준 페기 쇼, 로이스 위버, 벳 본, 폴 쇼에게도 감사의 말을 전한다.

내가 기쁨을 가지고 글을 쓸 수 있도록 공연의 역사를 창조한, 이 책에서 소개한 이들과 또 지면 관계로 소개하지 못한 모든 LGBTQ, 그리고 LGBTQ에 옹호적인 예술가들에게 감사를 표한다. 마지막으로, 그들의 성 정체성과 상관없이 LGBTQ 연극과 공연에 대해 지칠 줄 모르는 관심을 갖고 기꺼이 그것을 마주하고 연구하는, 나의 과거, 현재, 그리고 미래의 학생들에게 감사한다. 『연극 그리고 섹슈얼리티』는 그들 모두, 그리고 당신을 위한 책이다.

역자 후기

질 돌런(1957년생)은 오늘날 미국 연극학 분야를 대표하는 젠더 이론가이자 비평가 중 한 사람으로, 현재는 프린스턴대학교 영어영문학과 교수로 재직하고 있다. 주요 저서로는 『현존과 욕망: 젠더, 섹슈얼리티, 공연에 대한 에세이들*Presence and Desire: Essays on Gender, Sexuality, Performance*』(1994), 『공연의 유토피아: 극장에서 희망 찾기*Utopia in Performance: Finding Hope at the Theater*』(2005), 『웬디 워서스타인*Wendy Wasserstein*』(2017) 등이 있으며, '페미니스트 관객*The Feminist Spectator*'이라는 개인 블로그에 연극 비평을 올리며 대중과 소통한다. 돌런 교수가 위스콘신대학교 매디슨 (University of Wisconsin-Madison)에 재직할 당시

지도했던 박사 과정 학생이 훗날 나의 석사 학위 논문 지도 교수가 되었다는 간접적인 인연을 넘어, 학계의 저명한 학자인 돌런 교수의 최근 저서『연극 그리고 섹슈얼리티』를 번역할 기회를 얻게 되어 영광스럽고 감사한 마음이다.

『연극 그리고 섹슈얼리티』에서 소개하는 가장 중요한 두 작품은 테네시 윌리엄스의 〈욕망이라는 이름의 전차〉와 그것을 스플리트 브리치즈와 블루립스가 공동으로 각색한 〈벨 리프리브〉인데, 공교롭게도 모두 나의 석사 학위 논문에서 다루었던 작품들이다. 특히 〈욕망이라는 이름의 전차〉는 나와 개인적인 인연이 깊다. 학부 2학년 때 학과 연례행사로 올린 영어 연극 공연에 배우로 참여하면서 강렬한(?) 제목을 지닌 이 작품을 처음으로 접했다. 내가 맡은 배역은 주인공 블랑시의 구혼자 미치였는데, 그가 블랑시의 얼룩진 과거를 알고 한탄하며 읊는 유명한 대사, "난 당신이 솔직하다고 믿을 만큼 바보였군요I was a fool enough to believe you was straight"의 이중적 의미를 깨달은 것은 그로부터 5년이 지난 대학원 석사 과정 때였다.

영어 연극 공연 이후 학부와 대학원 수업을 통해 〈욕망이라는 이름의 전차〉에 대해 좀더 배우기도 했지만, 앞서 언급한 공연 경험이 이 작품에 대해 석사 학위 논문을 쓰기로 결정한 가장 큰 이유가 되었다. 그런데 논문의 구체적인 주제를 잡기 위해 여러 관련 참고 서적과 논문을 읽어가던 중, 한 가지 충격적인 사실을 알게 되었다. 작가 테네시 윌리엄스가 당시 미국 연극계에서는 이미 널리 알려진 동성애자였고, 그러한 성 정체성이 그의 작품 세계를 이해하는 데에 너무나도 중요한 단서라는 것이었다. 학부와 대학원 과정에서 작품에 대한 수업을 두 번이나 듣고 나름 많은 것을 배웠다고 생각했지만, 작가의 동성애적 성향이나 작품의 동성애적 해석에 대한 이야기를 들은 기억은 없었다. 설령 내가 기억하지 못하는 작가의 성 정체성에 대한 이야기가 강의나 발표 내용 중에 있었더라도, 간결하고 피상적인 수준의 언급이었던 모양이다. 작품에 대해 어느 정도 지식이 있다고 생각한 내가 어쩌면 작품의 가장 중요한 주제에 대해 전혀 모르고 있었다고 생각하니 부끄럽기도 하고, 해당 주제에 대한 지적 호기심도 생겨 작품 속에 나타난 동성애를 주제로 학위 논문을 쓰게 되었다. 통상적으로 20세기 중반 미국의 산업화와 함께 몰락한 남부 백인 지주 계급의 상징으로 간주되는, 작품의 여주인공 블랑시를 작가 윌리엄스가 자신의 성을 바꾸어 투영한 인물로 해석하니, 극의 내용이 완전히 새롭게 보였다. 위에서 인용한 미치의 대사에서 'straight'라는 단어가 '솔직한'이라는 일반적인 의미와 더불어 '이성애자'를 뜻한다는 것도 이때 알았다. 작품을 동성애적 관점에서 분석하면서, 왜 그러한 해석이 수업에서 다루어지지 않았을까 의문이 들었다. 터놓고 말하기에 '불편한' 주제였기 때문이었을까?

그러한 의문과 함께 석사 과정을 마치고 20여 년이 지난 지금, 한국 사회의 분위기는 그때와 크게 다르지 않은 것 같다. 〈욕망이라는 이름의 전차〉와 더불어 〈유리 동물원The Glass Menagerie〉(1944)은 영미권뿐 아니라 한국에서도 종종 공연되는 윌리엄스의 대표작들인데, 내가 서울에서 관람한 여러 공연들 중 '동성애'라는 단어를 작가나 작품 소개에서 언급한 프로그램을 본 기억이 없기 때문이다. 이러한 지적에 대해 혹자는 어떤 작가가 '이성애자'라는 사실을 굳이 언급하지 않는 것과 그것이 무엇이 다른지, 혹은 작가가 동성애자라는 사실을 굳이 알아야 할 필요가 있는지 모르겠다고 반문할 수도 있다. 그러나 사회의 '주류'인 이성애자와 소수자인 동성애자에게 같은 논리를 적용하기에는 무리가 있다. 이성애는 당연시되지만, 동성애자들은 마치 존재하지 않는 것처럼 벽장 속에 갇혀 지내왔기 때문이다. 동성애자와 여성이나 비백인과 같은 다른 소수자들 사이의 중요한 차이점은 그것이 겉으로 드러나지 않는다는 사실이다. 돌런이 책의 서두에서 던지는 질문처럼, 동성애자의 정체성은 직접적인 언급 혹은 커밍아웃 없이는 타인이 알 수 없는 비가시성을 지니기 때문에, 자발적인 언급이나 표현이 없는 동성애자의 정체성은 존재하지 않는 것이나 다름없다. 따라서 동성애에 대한 언급이나 표현을 자제시키거나 억압하는 것은 동성애자들의 존재 자체를 묵살하는 폭력적인 행위이다. 아울러, 작가와 작품을 반드시 연결지어 해석할 필요는 없지만, 많은 경우 작가에 대한 정보가 작품의 해석에 적지 않은 도움을 주는 것도 사실이다. 오히려 그러한 정보가 부재할 경우 (내가 학부생 시절 그랬던 것처럼) 작품 속에 담긴 깊은 의미들을 간과할 수 있다. 이런 의미에서, 〈벨 리프리브〉를 포함하여 돌런이 이 책에서 다루는 모든 작품과 공연들은 연극이라는 매체가 LGBTQ 정체성의 문제와 얼마나 밀접한 관계를 맺고 있는지 잘 보여준다.

『연극 그리고 섹슈얼리티』에는 'sexuality,' 'queer,' 'camp' 등과 같이 한국어로 번역하기 어려운 함축적인 단어들이 많아, '섹슈얼리티,' '퀴어,' '캠프'와 같이 음역으로 처리할 수밖에 없었다. 이에 양해를 부탁드린다. 대신 원문에 없는 주석을 통해 단어의 의미에 대한 설명을 제공하려 노력했다. 번역의 측면에서 부족한 부분은 너그러이 양해해주시고 흥미를 가지고 읽어주시길 독자 여러분께 부탁드린다.

마지막으로, 이 책을 번역할 직접적인 계기를 마련해주신 경희대학교 조성관 교수님, 흔쾌히 출판 제안을 수락한 교유서가 신정민 대표와 교정 작업으로 수고해주신 편집진께 깊은 감사의 말씀을 전한다.

2025년 2월 3일
미국 노스캐롤라이나주 캐리(Cary) 도서관에서
최석훈

연극 그리고 섹슈얼리티

초판 1쇄 인쇄 2025년 3월 17일
초판 1쇄 발행 2025년 3월 27일

지은이 질 돌런 | 옮긴이 최석훈

편집 이고호 정소리 이원주 | 디자인 윤종윤 이주영 | 마케팅 김선진 김다정
브랜딩 함유지 박민재 김희숙 이송이 박다솔 조다현 배진성 김하연 이준희
저작권 박지영 형소진 오서영 조경은
제작 강신은 김동욱 이순호 | 제작처 천광인쇄사

펴낸곳 (주)교유당 | 펴낸이 신정민
출판등록 2019년 5월 24일 제406-2019-000052호

주소 10881 경기도 파주시 회동길 210
문의전화 031.955.8891(마케팅) | 031.955.2680(편집) | 031.955.8855(팩스)
전자우편 gyoyudang@munhak.com

www.gyoyudang.com
인스타그램 @gyoyu_books | 트위터 @gyoyu_books | 페이스북 @gyoyubooks

ISBN 979-11-94523-25-3 93680

* 교유서가는 ㈜교유당의 인문 브랜드입니다.
  이 책의 판권은 지은이와 ㈜교유당에 있습니다.
  이 책 내용의 전부 또는 일부를 재사용하려면 반드시 양측의 서면 동의를 받아야 합니다.